Oscar Deubel

Gieriges Verlangen

Erotische Geschichten

Blue Panther Books

BLUE PANTHER BOOKS TASCHENBUCH
BAND 2707
1. AUFLAGE: APRIL 2023
2. AUFLAGE: SEPTEMBER 2024

VOLLSTÄNDIGE TASCHENBUCHAUSGABE
ORIGINALAUSGABE

LEKTORAT: A. K. FRANK

COVER:
© WISKY @ 123RF.COM
UMSCHLAGGESTALTUNG: MT DESIGN
GESETZT IN DER TRAJAN PRO UND ADOBE GARAMOND PRO

PRINTED IN POLAND
ISBN 978-3-7507-6479-8
WWW.BLUE-PANTHER-BOOKS.DE

INHALT

Mit dem Gutschein-Code

OD2TBCYPF

erhalten Sie auf **www.blue-panther-books.de** diese exklusive Zusatzgeschichte als E-Book in den Formaten PDF, E-PUB und Kindle. Registrieren Sie sich einfach online oder schicken Sie uns die beiliegende Postkarte ausgefüllt zurück!

Verführt in der Sauna

Klaus und Gabi kenne ich schon eine halbe Ewigkeit. Früher waren wir gemeinsam mit unseren Surfbrettern an der Nordsee unterwegs, dann hatten sich unsere Wege verloren. Natürlich haben wir uns zwischendurch immer mal wieder getroffen, beim Einkaufen im Supermarkt, sonnabends auf dem Wochenmarkt oder bei Veranstaltungen. Und wenn wir uns zufällig in einer Kneipe gesehen haben, war natürlich immer Small Talk angesagt.

Umso mehr habe ich mich gefreut, als Klaus und Gabi vor gut drei Jahren in einem Vorort eine öffentliche Sauna eröffnet hatten. Ich war einer der ersten Gäste, der auch gleich eine 30er Karte gekauft hat.

Seitdem gehe ich regelmäßig jeden zweiten Montag zu Klaus und Gabi in die Sauna. Dort trifft sich dann der »Blo-Mo-Club« (Bloot-Mors-Club = Verein der nackten Hintern), dessen Mitglied ich jetzt bin. Dazu gehört die örtliche Fußballmannschaft, die fast komplett nach dem Montags-Training einen Saunabesuch dranhängt. Genau wie auch zwei Lokalpolitiker, zwei etwas ältere Herren aus der Nachbarschaft, zwei Lehrerinnen undefinierbaren Alters und ich.

Ich mache meistens drei Gänge und nutze dabei - wie die meisten anderen Gäste auch - die Möglichkeit, zur Abkühlung gleich nackt in den benachbarten See zu springen. Ein warmes Fußbad bringt mich dann schnell wieder auf Temperatur.

Am vergangenen Donnerstag war alles anders. Ich kam erst spät aus dem Büro und war unschlüssig, ob ich überhaupt noch in die Sauna gehen sollte. Andererseits lag meine Saunatasche gepackt im Kofferraum, und wenn man einmal anfängt, nachlässig zu werden, dann ist es mit der schönen Regelmäßigkeit schnell vorbei.

Ich kam also erst spät bei der Sauna an. Ausziehen, duschen und rein in die Saunakabine zum ersten Gang passierten dafür in Windeseile.

Ich bin eigentlich ein kommunikativer Mensch und wollte mit den übrigen Saunagästen ein kleines Schwätzchen halten, das aber an diesem Abend schon im Keim erstickt wurde. Als ich nach dem Sonntagsspiel des FC fragte, sagte man mir in einem fast barschen Ton, dass man bereits alle Themen durchgehechelt habe und ich eben früher kommen müsste. Patsch!

Der zweite Gang verlief ähnlich, und ich hatte mir schon fast vorgenommen, diesmal auf den dritten Gang zu verzichten, denn mittlerweile waren die Fußballer und auch die übrigen Saunagäste bereits gegangen. Auch die Lehrerinnen verabschiedeten sich nach dem Duschen. Sie waren an diesem Tag in Begleitung einer jungen Frau, wohl einer Praktikantin, die so scheu war, dass sie bei allen Saunagängen und sogar beim Duschen ihren geblümten Bikini anbehielt.

»Und nicht vergessen, den Bikini zu Hause ordentlich durchzuwaschen«, rief ich den Dreien deshalb hinterher.

Jetzt erst recht, dachte ich mir und ging allein in die Saunakabine. Aber dann öffnete sich die Glastür doch noch und Gabi kam in die Sauna, nur in ein großes Badelaken gehüllt. Gleichzeitig hörte ich ein beständiges leises Knacken, weil sie den Saunaofen wohl bereits ausgestellt hatte, der jetzt beim Abkühlen thermische Geräusche von sich gab.

»Ich nehme gern noch ein Saunabad, wenn alle weg sich und es hier ruhiger wird«, sagte sie. »Wie lange haben wir uns nicht gesehen, Peter?«

»Weiß ich auch nicht. Wie geht es dir?«

Bei dem Satz »Alles klar!« öffnete sie dann einfach ihr Handtuch und breitete es auf der Bank aus. Ich bekam fast den

Mund nicht mehr zu. Ich kannte Gabi ja nur im Badeanzug oder Bikini, aber jetzt hatte ich ihre pralle Weiblichkeit vor mir.

Ein strammer Busen mit einem Schmetterlingstattoo über der linken Brustwarze, ein kleines Bäuchlein, aber nicht schwammig, und eine fast völlig blank rasierte Schamgegend. Als sie ihre Schenkel öffnete, sah ich auch den kleinen goldenen Ring, der in der Nähe ihrer Perle in einer der äußeren Schamlippen steckte.

»Gabi, jetzt gibst du aber Gas, was?«, sagte ich, was aber irgendwie verwirrt klang.

Sie meinte deshalb wohl, die Regie in die Hand nehmen zu müssen, beugte sich vor und stülpte, ohne zu fragen, ihren Mund über meinen Schwanz. Sie begann, an meinem besten Teil zu knabbern und mich ordentlich mit der Zunge zu verwöhnen. Meine pralle Eichel hatte es ihr dabei besonders angetan. Dann ließ sie kurz von mir ab, drehte sich um und pfählte sich selbst mit meinem Schwanz.

Gut, dass sich die Hitze in der Saunakabine nach dem Abschalten des Ofens bereits langsam verringert, dachte ich, denn mir wurde plötzlich ganz heiß.

»Was ist, wenn Klaus zufällig zu uns runterkommt?«, fragte ich meine Reiterin.

»Keine Angst, der guckt Champions League«, beruhigte sie mich. »Ich war früher richtig in dich verknallt, aber du hast einfach nichts bemerkt. Einmal standen wir bei einem Rockkonzert in der Stadthalle hintereinander an der Brüstung und haben auf die Bühne runter gesehen. Da habe ich deinen harten Schwanz durch mein dünnes Kleid gespürt - mir wurde ganz anders. Seitdem habe ich mir immer wieder gewünscht, dich irgendwie zu verführen.«

»Und Klaus?«, fragte ich.

»Der muss das ja nicht mitkriegen!«

Nun aber Schluss mit der Sabbelei, sagte sie sich wohl, denn jetzt gab sie ihrem Pferd die Sporen, womit natürlich ich gemeint war. Wie eine Wilde flog ihr Arsch vor mir auf und ab. Das hielt ich nicht lange aus. Mit einem tiefen Grunzen spritzte ich ihr meine heiße Ficksoße in die Möse.

»Kein Schweiß auf Holz«, sagte Gabi in bester Saunameister-Manier.

Gemeinsam gingen wir zu den Duschen.

»Guck mal hier!«, sagte Gabi und zeigte zwischen ihre Beine, die sie extra breitgemacht hatte, sodass ich einen dicken weißen Tropfen erkennen konnte, der sich langsam von ihrer Muschi dem Fliesenboden näherte. Das Gemisch aus Sperma und Mösensaft hatte ihn sehr zähflüssig werden lassen. Gabi schaffte es sogar, den Klecks durch Kontraktion ihrer Fotzenmuskeln immer wieder etwas hochzuziehen. Aber jetzt fiel er doch auf den Boden. Lachend drehten wir die Dusche auf.

»Warte mal kurz, ich möchte dir jetzt etwas Schönes schenken«, sagte Gabi noch, hängte sich ein Handtuch um und ging zum Ausgang des Saunabereichs.

»Hallo, Klaus, es dauert noch länger. Ich will hier noch etwas aufräumen«, rief sie nach oben, wo sie ihren Wohnbereich hatten. Dann kam sie zurück und dirigierte mich in ein Massagezimmer.

Ich musste mich rücklings auf die Pritsche legen und Gabi griff sich eine Flasche mit Massageöl, von dem sie einen großen Klecks auf meinen Bauch schüttete.

Dann ließ sie die Massageliege etwas herunterfahren und begann, das Öl mit kreisenden Bewegungen ihrer Brüste auf mir zu verreiben. Mir wurde schon wieder ganz heiß und mein Kleiner stand augenblicklich.

Gabi ging dann an einen Glasschrank und holte einen dünnen Gummischlauch heraus, dessen Enden durch ein

Zwischenstück zusammengehalten wurden, sodass eine kleine Schlaufe gebildet wurde. Die führte sie über meinen Schwanz und zog dann stramm. Die Blutzufuhr meines besten Stücks war damit unterbrochen. Es konnte aber auch kein aufgestautes Blut wieder zurückfließen.

»Jetzt verpasse ich dir eine klassische Lingam-Massage. Das ist mein Geschenk«, sagte Gabi.

Ich wusste, dass eine Lingam-Massage das Gegenstück einer Yoni-Massage ist, die bekanntlich der Beglückung von Frauen dient. Persönlich hatte ich aber noch keine Lingam-Technik genossen - außer dass mir die eine oder andere Sexualpartnerin vor lauter Geilheit mal einen Finger in den Anus gesteckt hat.

Zunächst öffnete Gabi unter meinem Hintern eine Klappe, sodass eine Durchreiche entstand wie üblicherweise im oberen Bereich von Massagebänken, wo man seinen Kopf durchsteckt, um sich nicht die Nase platt zu drücken.

Ich musste meine Beine etwas spreizen. Dann nahm sie wieder einen großen Klecks Massageöl und begann, den Bereich um meinen ratzekahl rasierten Sack und den nun mit der Gummischleife fixierten Schwanz großflächig einzureiben. Auch meine Oberschenkel wurden bearbeitet. Und nun griff sie mir durch die Beine und setzte ihre angenehme Massagetätigkeit durch die Klappe von unten an meinem Po fort.

Immer wieder glitten ihre kundigen Hände über meine Leistengegend, massierten meinen prallen Hodensack und fuhren an meinem steil aufgerichteten Schaft auf und nieder.

Und als wäre es das Natürlichste auf der Welt, hatte ich auf einmal einen Finger in meinem Anus. Durch das Öl flutschte er problemlos hinein und wieder heraus, bekam auch bald Besuch von einem Finger ihrer anderen Hand. Sie legte jetzt quasi von innen Hand an meine Prostata - geil!

Schließlich glaubte ich, zwei Daumen in meinem Po spüren zu können, so sehr hatte sie mich innerhalb kürzester Zeit geweitet.

Jetzt musste ich mich umdrehen, sodass mein Schwanz durch die Klappe nach unten lugte. Meine Gesäßbacken erfuhren nun eine heftige Kneterei, und wieder flutschten zwei ihrer Finger bei mir hinten rein.

Ich muss gestehen, dass mir das in keiner Weise unangenehm war. Gabis Hände liebkosten meinen gesamten Unterleib - eigentlich mich als Ganzes. Und mein Arschloch gehörte natürlich auch dazu.

Ich musste mich jetzt wieder umdrehen, und Gabi kletterte zu mir auf die Massagebank, wo sie sich auf meinen Oberkörper setzte. Sie hatte ihr Gesicht vor meinem Schwanz platziert, riss die Gummischleife endlich ab, nahm meinen Steifen in den Mund und lutschte heftig daran herum.

Jetzt packte ich die Gelegenheit beim Schopf, schnappte mir ihre beiden Arschbacken und dirigierte meinen Mund zielstrebig auf ihre Möse zu. Ich leckte ihre äußeren und inneren Schamlippen mit großer Freude und ließ meine Zunge auch ihre Perle umspielen.

Da dauerte es nicht lange, bis wir beide gleichzeitig kamen. Gabi bekam meine volle Ladung in den Mund gespritzt, und ich musste auch ordentlich schlecken, damit nichts von dem schönen Nass danebenging.

Als sich unser beider Atem wieder etwas normalisiert hatte, hörten wir plötzlich ein Geräusch an der Tür zum Saunabereich. Und da hörten wir auch schon Klaus rufen: »Gabi, wo steckst du?«

Ich verdrückte mich, so schnell es ging, hinter die Tür zum Damen-WC. Gerade noch rechtzeitig, denn Klaus hatte in dem Moment die Tür zum Massageraum geöffnet und fragte seine Frau, was sie hier unten noch so lange machen würde.

»Alles paletti«, flötete Gabi. »Ich habe nur noch etwas aufgeräumt, weil doch morgen Frau Meier kommt und sauber machen will. Ist denn dein Fußball schon zu Ende?«

»Nö, Werbepause. Aber ich wollte einmal nach dir sehen. War denn Peter nicht vorhin noch hier?«

»Ja, der ist auch mit dem letzten Schwung abgehauen. Wir könnten ihn auch mal wieder privat einladen, was hältst du davon?«

Mir wurde hinter der Klotür heiß und kalt zugleich. Klaus meinte noch, dass der Kontakt zu mir in den letzten Jahren ziemlich abgerissen sei. Damit war das Thema offenbar für ihn erledigt.

Als er dann wieder die Treppe zum Wohnbereich hochstieg, um sich dem Fernseher und dem Fußballspiel zu widmen, zog ich mich schnell an und machte mich aus dem Staub.

Was hatte sich Gabi mit ihrer Frage bloß gedacht?

Zum Glück hatte sie in letzter Sekunde mit ihrem Fuß noch die verräterische Gummischleife unter den Glasschrank kicken können.

Mir war klar, dass ich mich in nächster Zeit in der Sauna von Gabi und Klaus etwas vorsehen musste, insbesondere beim letzten Gang.

Das gelenkige Geburtstagsluder

Es war Sonnabend und meine Arbeitskollegin Conny hatte mich heute Abend zu ihrer Geburtstagsfeier eingeladen. Ich hatte für sie ein paar Blümchen besorgt und als Geschenk ein aktuelles Gesellschaftsspiel.

Was soll man einer Frau auch sonst mitbringen? Immerhin einer Kollegin, mit der man vor zwei Jahren nach einer Weihnachtsfeier mal einen One-Night-Stand hatte, aus dem sich aber nichts Dauerhaftes entwickelt hatte.

Ich drückte also relativ pünktlich den kupfernen Klingelknopf an ihrem Hauseingang und wurde prompt eingelassen - als wenn sie schon hinter der Tür auf mich gewartet hatte.

Und tatsächlich begrüßte sie mich nicht etwa in einem Cocktailkleidchen oder dem kleinen Schwarzen, was zu einer Geburtstagsfeier gepasst hätte, sondern in einem roten Catsuit, mit High Heels und halblangen Handschuhen - natürlich ebenfalls in Rot. Ich war erst einmal baff!

»Hey, wo sind denn die anderen Geburtstagsgäste?«, brachte ich dann leicht stotternd heraus.

»Du bist heute Abend mein einziger Gast«, bekam ich zur Antwort. »Und außerdem habe ich heute auch gar nicht Geburtstag. Das hättest du eigentlich wissen können, mein Dummchen.«

Ich sollte also kalt vernascht werden. Was heißt hier kalt? Natürlich wurde mir bei dem Anblick ihres scharfen, im Schritt offenen Catsuits sofort heiß. Und gegen einen Spontanfick hatte ich jetzt natürlich nichts einzuwenden, zumal ich ja bereits wusste, dass die kleine Conny im Bett abging wie die Feuerwehr.

»Dann biete deinem Gast doch mal etwas zu trinken an«, sagte ich mit wiedergewonnener Sicherheit in der Stimme.

Conny führte mich stattdessen in ihr Schlafzimmer, wo sie auf dem einen Nachtschränkchen einen Sektkühler mit einer Flasche Champagner und zwei Gläsern platziert hatte. Mich interessierte in diesem Moment allerdings weniger dieses exklusive Getränk als die ganzen schwarzen Bänder und Schlaufen, die an einem stabilen Haken an der Zimmerdecke hingen.

Conny bemerkte den Glanz in meinen Augen, nahm mich in den Arm und flüsterte mir ins Ohr: »Ich habe mir für unseren Abend etwas Besonderes einfallen lassen. Das wird dir gefallen.«

Da war ich mir sicher! Dennoch pflanzten wir uns erst einmal aufs Bett. Ich öffnete den Champagner und goss ein.

Nach dem leichten Klirren der Gläser ließen wir das kostbare Nass die Kehle herunterlaufen. Die Neige kippte ich dann in den tiefen Ausschnitt ihres Catsuits und konnte danach das kühle Nass problemlos in Höhe ihres Bauchnabels und ihrer Spalte wieder auflecken, was ihr sehr gut gefiel.

Nachdem wir uns noch eine Zeit lang mit der fast schon klassischen Kombination aus Champagner und gierigen Zungen vergnügt hatten, wollte ich ihre neue Liebesschaukel inspizieren - am liebsten natürlich mit Conny gleich darin.

»Nicht so wild, mein Lieber!«, sagte sie, als ich sie zärtlich zu dem Objekt meiner Begierde führen wollte. »Zuerst möchte ich meinen Spaß haben. Ich habe schließlich Geburtstag!«

Da mussten wir beide lachen, aber natürlich ließ ich ihr jetzt den Vortritt. Ich musste mich so auf die Gurte setzen, sodass meine Füße in zwei Schlaufen passten, ich mich nach hinten beugen konnte und dabei von zwei weiteren Gurten sicher gehalten wurde. Zu allem Überfluss wurden meine Arme und Hände noch mit weiteren Schlaufen fixiert, sodass ich selbst in das geile Geschehen nicht aktiv eingreifen konnte.

Conny kniete sich vor mich, kontrollierte noch einmal die Höhe der Liebesschaukel, die sich in mehreren Rasterstufen variieren ließ, und gab mir einen kleinen Schwung. Ich schaukelte langsam von ihr weg, um gleich darauf wieder zurückzuschwingen.

Und genau da baute sie sich mit ihrem offenstehenden Mund auf und ließ mich mehrere Male tief in ihren Schlund hineingleiten und wieder hinaus flutschen. Ich war unfähig, selbst etwas zu machen, war nur ihr Lustobjekt.

Als sie meinen Schwanz auf diese schon fast mechanische Art hart geblasen hatte, schob sie aus einem Nebenraum einen kleinen, stabilen Tisch herein, den sie wohl vorher schon dick gepolstert hatte.

Darauf legte sie sich, die Schenkel weit auseinander, und begann das neckische Spielchen, das sie soeben mit ihrem Mund vollzogen hatte, nun mit ihrer Möse. Wie ein Spielball wurde ich weggestoßen, um dann mit dem Rückschwung in ihr feuchtes Loch zu gleiten. Ich hätte wahnsinnig werden können!

Und damit ich noch tiefer in sie eindringen konnte, schob sie den Tisch beiseite, stellte sich auf einem Bein vor mich und streckte das andere wie im Spagat so weit aus, dass es oben in den Gurten und Bändern Halt fand.

Ja, die Conny ist schon gelenkig!

Jetzt gab sie mir wieder einen Schubs, und schon glitt mein stahlharter Prügel in ihr allzu bereites Fötzchen. Auch bei dieser Penetration war ich wieder der inaktive Spielball. Mir wurde erst jetzt bewusst, wie sich das für Frauen anfühlen muss, wenn sie in der Liebesschaukel fixiert und zum Lustobjekt wurden. *Eigentlich nicht schlimm*, dachte ich, *wenn beide damit einverstanden sind.*

Und Conny war einverstanden, sich mir jetzt als Lustobjekt darzubieten. Sie schnallte mich los und half mir, aus der Liebesschaukel auszusteigen, um anschließend selbst darin Platz zu nehmen. Ihren Catsuit, der ohnehin nichts verbergen konnte und der für alle sexuellen Spielarten Öffnungen parat hatte, hatte sie inzwischen dennoch abgestreift und lag jetzt völlig nackt vor mir in den Seilen. Mit völliger Nacktheit meine ich auch ihre blitzeblank rasierte Pflaume, die ich mir noch einmal genüsslich aus aller Nähe betrachtete.

Conny hatte eine wunderschöne Möse! Große äußere Schamlippen, die bei Geilheit konsequent offen standen und den Blick auf ihre dunkelrosafarbenen inneren Schamlippen und den großen kreisrunden Kitzler freigaben. Ihr gesamter Schambereich hatte zudem einen leichten Braunton, der sich bis zu ihrem Poloch hinzog.

Ich kurbelte die Liebesschaukel ein paar Raster höher, sodass mein Rohr genau vor ihrer Öffnung positioniert war. Ich machte erst einen Probestich und schob ihr meinen Schwanz in einem Zug in ihre triefend nasse Spalte. Dann begann ich das neckische Spiel mit der Schaukel und fickte sie so eine ganze Weile.

Ich merkte, dass Conny es kaum noch aushielt, so rattenscharf war sie inzwischen. Und bei einem erneuten tiefen Stoß in ihre Möse brach es dann auch aus ihr heraus: Sie zuckte am ganzen Körper, krampfte regelrecht. *Gut, dass sie angebunden ist*, dachte ich. Aus ihrem Unterleib spritzte es wie wild heraus. Auch ich musste jetzt pumpen und schleuderte ihr meinen heißen Ficksaft auf den Busen und auf den Bauch.

Danach waren wir so geschafft, dass ich sie kaum losbinden und sie kaum aufstehen, geschweige denn sich auf den Beinen halten konnte.

Wir wankten zum Bett, ließen uns in die Laken fallen und waren innerhalb kürzester Zeit in süße Traumlandschaften entschwunden. Am nächsten Morgen, nachdem wir es in der Nacht mehrmals im Bett getrieben hatten, verabschiedeten wir uns mit dem Versprechen, dass man durchaus mehrmals im Jahr Geburtstag feiern kann.

Die geilen Erntehelfer - Jeder darf mal ran ...

Mit meinen neunzehn Jahren bin ich sexuell schon sehr erfahren. Ich hatte schon Zungenküsse, intensives Petting, geile Nummern mit gleichaltrigen und mit älteren Männern und auch mit Frauen, sogar schon Gruppensex und etwas schräge sexuelle Erlebnisse mit Kerzen, Mohrrüben, Salatgurken und einigen Dingen mehr.

Doch der Reihe nach: Der erste Junge, mit dem ich im Kino war, wollte natürlich keinen Film sehen. Er ging mir schon bei der Reklame an die Wäsche, schob seine Hand unter meinen

Rock und zwängte sich irgendwie in meinen Slip. Während des Hauptfilms hatten wir uns umarmt und küssten uns. Seine freie Hand untersuchte derweil den Inhalt meiner Bluse, bekam sogar meinen BH geöffnet. Doch als er meine Nippel dann allzu intensiv bearbeitete, musste ich plötzlich laut stöhnen. Die anderen Besucher drehten sich zu uns um und guckten böse. Mit hochrotem Kopf haben wir uns kurz vor Ende des Films aus dem Kino geschlichen.

Entjungfert wurde ich nach dem Schützenfest auf einem Strohballen. Tagelang konnte ich danach an meinem Rücken noch die Pikser der harten Halme spüren. Mein eigener Genuss bei der Sache war ohnehin eher bescheiden.

Als ich das abends meiner Freundin beichtete, wollte die wohl bei mir alles wiedergutmachen, drückte mich fest und küsste mich auf den Mund. Ich hatte dabei ein eigenartiges Gefühl, ließ sie aber weitermachen, weil ich neugierig geworden war. Ihre Finger und ihre Zunge waren schließlich überall an und auch in meinem Körper, der sich dafür mit dem ersten Orgasmus meines Lebens bedankte.

Ich merkte aber bald, dass andere Jungen das besser hinbekommen als der Stümper auf dem Strohballen. Ich lernte, zwischen kurzen und langen Schwänzen zu unterscheiden, zwischen dicken und dünnen, zwischen Schnellspritzern und den ausdauernden Liebhabern.

Bei den Treffen unserer Clique floss der Alkohol reichlich und lockerte die Zunge und die Moral. Irgendwann war Flaschendrehen angesagt. Auf den der Flaschenhals zeigte, der musste ein Kleidungsstück ablegen, und als endlich alle nackt waren, wurde wild durcheinander gebumst. Dabei kam es immer mal wieder vor, dass es mir zwei Jungen gleichzeitig besorgten oder dass ich einer Freundin die geile Möse leckte, während sie gleichzeitig in den Arsch gefickt wurde.

Einmal habe ich auch meinen Onkel Herbert verführt. Wir waren zum Angeln an das Verbandsgewässer gefahren. Aber kein Fisch wollte beißen. Da wurde es mir einfach zu langweilig. Ich habe mich auf unserer Picknickdecke zurückgelegt und mir Rock und Höschen ausgezogen. Und als ich dann noch an meiner Möse rumspielte und schon drei Finger drin hatte, konnte der Bruder meines Vaters nicht länger untätig zusehen, riss sich die Hosen herunter und vögelte mich am Ufer wie ein junger Hecht. Nachdem er in mir gekommen war, habe ich ihm noch seinen Schwanz sauber geleckt. Und als wir alles wieder eingepackt hatten, kamen zwei Angler vorbei und grüßten mit »Petri Heil! Hallo, Elke!«

»Petri Dank!«, antwortete mein Onkel.

»Und haben sie heute gut gebissen?«, fragten die Angler dann.

»Nur ein Hecht hat mich gebissen, der aber kräftig!«, antwortete ich jetzt wahrheitsgemäß und konnte mir ein Grinsen nicht verkneifen. Irgendwie irritiert gingen die Angler weiter.

Jetzt bin ich schon seit mehreren Monaten mit Thomas zusammen, einem ganz verrückten Hund, aber lieb ist er auch.

Thomas liebt den Sex an speziellen Orten – also stets mit der Gefahr, dabei erwischt zu werden. Wir haben uns einmal im Kino geliebt (aber diesmal lieber in der letzten Reihe), auf der letzten Bank in einem Linienbus, hinter dem Kassenhäuschen im Schwimmbad, in der Sammelumkleide für Männer, im Wohnwagen meiner Eltern, während die nur kurz im See baden waren, und auch mitten auf dem Marktplatz unserer Kleinstadt.

Dazu musste ich nachts um zwei Uhr nackt, nur im Bademantel, in Thomas' Auto einsteigen. Der ist dann wie ein Bekloppter zwanzig Kilometer über die Autobahn hin- und wieder zurückgefahren und hat den Wagen dann auf dem Marktplatz abgestellt. Auf der heißen Motorhaube hat er mich dann gefickt. Ich musste mir dabei kräftig auf die Lippen beißen, um nicht vor Geilheit loszuschreien. Zum Glück ging von den Anwohnern kein Fenster auf, zum Glück kamen keine anderen Nachtschwärmer vorbei, und zum Glück ist die Polizei keine Streife gefahren.

Außerdem liebt es Thomas, Dinge des täglichen Lebens in meine Möse zu stecken: Leuchterkerzen, Gurken, Möhren und sogar Maiskolben. Ganz besonders geil fand ich es immer, wenn er mir eine Weinbrandbohne, ein Magnum-Eis, einen Duplo-Riegel oder – noch besser – einen so schön geriffelten Toblerone-Riegel reingeschoben hat, die wir dann anschließend natürlich ablecken und genüsslich aufessen mussten.

Einmal hatte er mir fünf weiße Leuchterkerzen von Aldi nacheinander in meine Fotze geschoben. Als er dann noch die sechste Kerze ansetzte, habe ich vor Schmerzen laut aufgeschrien. Meine Möse war dermaßen überdehnt! Als er mich danach ficken wollte, musste er erst warten, bis sich mein Lustkanal wieder zurückgebildet hatte. Ansonsten wäre es für ihn wohl so gewesen, als wenn er einen großen Kochtopf ficken würde.

Kleinere Naturdildos, wie Gewürzgurken aus dem Glas, die er zum Glück immer vorher abspült, schiebt er mir komplett in meine gefräßige Möse. Und dann stiert er minutenlang auf meine Spalte, bis die Gurke wieder heraus ploppt. Am liebsten steckt er seinen Schwanz zu dem Obst und Gemüse zusätzlich in mich rein. Das macht er mit Vorliebe auch bei meinen Vibratoren. Irgendwie kriegt er seinen Pimmel immer noch daneben geschoben, und wenn er die Dinger lossurren lässt, geht bei uns beiden gewaltig die Post ab.

Apropos Vibratoren: Er konstruiert sogar selbst welche oder baut mir welche aus normalen Alltagsgegenständen. So hat er einen Penis-Aufsatz für meine elektrische Zahnbürste gemacht, die natürlich herrlich schnell rotiert. Eines

Abends kam er dann mit einem Dildo-Aufsatz für meinen Handmixer vorbei, und auch die Bohrmaschine hat er als Vibrator umfunktioniert. Die musste er dann aber selbst halten und in mich reinschieben, weil das Ding mit dem Aufsatz so sperrig geworden war. Das Geile an dem Bohrer war, dass er einen Links- und Rechtslauf hatte.

Thomas hat auch einmal den Sattel meines Fahrrades abgebaut und durch einen Vibrator ersetzt. Ich musste dann im Rock und natürlich ohne Slip ein paar Runden um unseren Block fahren. Bei jedem Tritt in die Pedale flutschte mir der wild schnurrende Vibrator dann entweder tief in meine Möse oder ich bekam die Schwingungen intensiv am Scheideneingang zu spüren. Nach drei Runden konnte ich einfach nicht mehr. Thomas erlöste mich mit seinem Schwanz und verschaffte mir Erleichterung. Natürlich ließ er auch bei diesem Spontanfick einen anderen kleineren Vibrator mitspielen.

Und natürlich musste mir Thomas jedes Mal, wenn er eine dicke Zigarre rauchen wollte, das Ding mit dem Mundstück voran erst in meine Möse schieben. »Muschi flavored«, nannte er das, was frei übersetzt etwa »mit herbem Mösen-Aroma« heißen sollte. Angeblich hatte Churchill seine Zigarren auch so geraucht.

Vor ein paar Tagen sagte er: »Liebste Elke, heute Nacht wirst du die geilen Spargelstangen auf dem Feld ficken.« Was er damit wohl meinte? Ich sollte mich hierfür auf jeden Fall nachts um vier Uhr bereithalten.

Pünktlich, wie immer, wenn mein Liebster etwas von mir will, erwartete ich ihn vor unserer Haustür. Mit unseren Fahrrädern – ich hatte jetzt natürlich wieder einen richtigen Sattel – ging es bei völliger Dunkelheit zu dem Spargelbauern am Ortsrand.

Wir schmissen unsere Räder in ein Gebüsch und stiegen über mehrere Spargelbeete, bis wir fast mitten auf dem Feld waren. Jetzt sollte ich mich nackt ausziehen. Ich bestand aber darauf, dass sich Thomas auch auszog, der dem nur allzu gern nachkam, weil er mich sicherlich nachher noch ficken wollte.

Dann machte er an verschiedenen Stellen der Spargelmieten mit seinen Händen erste Versuchsgrabungen, bis er unter dem sandigen Boden einen schönen dicken Spargel gefunden hatte. Den legte er jetzt an allen Seiten frei. Ich musste mich schön breitbeinig über das Spargelbeet hocken, sodass meine Spalte von allein aufklaffte und die inneren Schamlippen freigab. Dann ging ich weiter in die Knie und hockte mich auf die Spargelstange.

Thomas war ganz begeistert. Er hatte beim Buddeln zwei weitere Spargelstangen gefunden, die schön dicht nebeneinanderstanden, sodass ich sie beide gleichzeitig ficken konnte. Er brach noch einen weiteren Spargel ab und schob ihn mir zusätzlich in die Fotze.

Irgendwann wurde mir die Spargelfickerei aber langweilig, außerdem hatte ich Angst, dass ich von den kalten Spargelstangen in meiner Scheide eine Blasenentzündung bekommen würde.

Thomas hatte ein Einsehen mit mir, legte mich rücklings auf ein Spargelbeet und gab mir endlich seinen heißen Stiel zum Aufwärmen.

Er konnte es aber nicht lassen, mir dazu noch eine der abgebrochenen Spargelstangen neben seinen Pimmel zu schieben, und eine weitere bohrte er frech in meinen Po.

Als er fertig wurde, zog er seinen Schwanz aus mir heraus und spritzte mir seine ganze Soße auf meinen Bauch, Titten und ins Gesicht.

»Jetzt aber gut«, hörte ich mit einem Mal. »Jetzt wir Fickificki!« Hinter Thomas sah ich in dem faden Morgenlicht vier osteuropäische Erntehelfer. Sie hatten ihre Hosen schon auf halbmast und wichsten ihre Schwänze.

Thomas wurde einfach an die Seite gedrückt, und die anderen drei Kerle hatten es jetzt auf mich abgesehen. Statt Spargelstechen war heute Nacht also Elke stechen angesagt.

Ich hatte natürlich nichts dagegen, Rudelficken war ich ja gewohnt. Es interessierte mich schon, wie mich die ausgehungerten Erntehelfer, die wochenlang keine Frau zu Gesicht beziehungsweise vor die Flinte bekommen hatten, jetzt rannahmen.

Einer legte sich prompt rücklings auf ein Spargelbeet. Ich musste mich auf seinen Schwanz setzen, während ein zweiter mir in den Arsch ficken wollte. Doch der konnte vor lauter Lachen anfangs gar nicht loslegen, denn ich hatte immer noch eine Spargelstange in meinem Hintereingang. Der dritte schob mir seinen robusten Erntehelfer-Pimmel in den Mund.

Der vierte Mann beaufsichtigte Thomas, der – nackt wie er war – die von uns demolierten Spargelbeete wieder aufsetzen musste.

Natürlich wechselten die Typen sich ab. Jeder durfte in jedem meiner Löcher einmal ran. Schließlich haben mir die vier Spargelstecher gleichzeitig ihren geilen Saft auf meinen Bauch gespritzt. Ich habe alles schön auf meinem Busen verrieben – das soll doch angeblich die Haut schön machen.

Der Akademische-Dreier

»Werner, du kannst mich heute Abend mal wieder rasieren«, rief mir meine Frau noch zu, bevor sie mir einen Handkuss zuwarf, die Haustür hinter sich ins Schloss fallen ließ und mit ihrem hübschen, knallroten Mini Cabrio zu ihrer Schule fuhr.

Rasieren - das heißt nicht, dass ich ihr die Stoppeln von den Beinen entfernen soll. Nein, ich soll mich um die optische und haptische Attraktivität ihrer Fotze kümmern. Der Barbier, also ich, liebt es nämlich, ihre Möse blitzeblank zu rasieren, sodass nur in Richtung Bauchnabel ein kleiner Steg krauser Haare stehen bleibt. Und selbstverständlich wird nach einer Rasur umgehend eine heiße Nummer geschoben, also der harte Pfahl des Barbiers in die blank daliegende Möse versenkt.

Wir sind ein Lehrerehepaar in den besten Jahren. Meine Frau Gisela unterrichtet Sport und Religion in der Realschule, und ich bin am Gymnasium Oberstudienrat mit der Fächerkombination Biologie und Erdkunde.

Wir wohnen in einer Kleinstadt in Hessen. Schon vor einigen Jahren konnten wir es uns mit unseren zwei Gehältern und auch dank einer kleinen Erbschaft leisten, ein großes Grundstück etwas außerhalb der Stadt am Waldrand zu kaufen und darauf unser Traumhaus zu bauen. Einhundertsiebzig Quadratmeter Wohnfläche auf zwei Etagen und dazu im Keller noch eine geräumige Sauna mit Ganzglastür, ein gut bestückter Fitnessraum sowie ausreichend Platz für Vorräte, Wäschekeller und Heizung.

Wir lieben uns wie am ersten Tag. Wir sind ein tolerantes Paar, also nicht eifersüchtig. Wir führen eine offene Ehe und wissen, dass ein One-Night-Stand unserer Beziehung nicht schaden kann; er macht uns eher wieder neugierig aufeinander. Und so hatte auch jeder von uns schon Bi-Erfahrungen.

Gemeinsam haben wir Swingerclubs besucht und im Urlaub Sex mit anderen Paaren gehabt. Einmal sind wir dabei sogar in eine Riesen-Orgie hineingeraten und haben wild um uns gevögelt.

Bei uns in der Kleinstadt darf davon natürlich niemand etwas wissen, hier sind wir das etwas zurückgezogen lebende Lehrerehepaar im besten Alter, was ja auch nicht besonders ungewöhnlich ist. Wir lassen uns sogar mit unseren direkten Nachbarn nicht groß ein, sondern bleiben lieber für uns.

Im Sommer liegen wir oft nackt in unserem Garten, der durch eine hohe Hecke vor unerwünschten Blicken geschützt ist. Und wenn wir dann heiß genug sind, kommt es schon vor, dass wir gleich draußen auf der Liege oder auf dem Rasen eine heiße Nummer schieben.

Heute Abend war also wieder Rasieren angesagt. Darauf konnte ich mich schon den ganzen Tag freuen. Doch nach meinem Unterricht hatte ich heute Nachmittag noch zwei anstrengende Konferenzen zu überstehen, sodass ich erst gegen achtzehn Uhr wieder zu Hause sein würde. Und zum Abspannen würde ich dann zuerst noch die Zusammenfassung der Bundesliga gucken. Dann aber kam meine Gisela unters Messer, juhu!

Gesagt, getan! Bei meiner Rückkehr hörte ich meine Frau bereits im Obergeschoss rumoren. Weil ich so schnarche, haben wir seit Jahren getrennte Schlafzimmer und sogar jeder sein eigenes Bad – welch ein Luxus! Ich hatte mir ein paar Häppchen zum Abendbrot gemacht, dazu eine Flasche Bier aufgerissen und saß nun vor dem Fernseher. Bayern hatte verloren, Dortmund den Gegner vom Platz gefegt - meine Laune war bereits prächtig.

Als ich dann die Treppe nach oben stieg und in Giselas Schlafzimmer kam, war dort niemand, aber aus ihrem Badezimmer hörte ich Geräusche. Ich setzte mich auf die Bettkante, und kurz darauf kam Gisela mit einer anderen Frau tropfnass aus dem Bad – beide nur in große Saunatücher gehüllt, die jetzt beim Abtrocknen immer mal wieder einen schönen Blick auf ihre fraulichen Körper freigaben.

»Das ist Vera, meine neue Kollegin«, sagte Gisela. »Wir haben uns bei der letzten Klassenfahrt etwas angefreundet, was ich dir auch erzählt hatte.«

Nun, ich hatte gegen Vera gewiss nichts einzuwenden. Sie war etwa einen Kopf größer als meine Frau und hatte ebenfalls einen tollen Körper: dunkle, fast schwarze Haare, ein freundliches Gesicht, eine drahtige Figur mit riesigen Möpsen, die dennoch der Schwerkraft trotzten, einen strammen, fast muskulösen Bauch und einen herrlichen Arsch - rund und prall, also kein bisschen wabbelig. Ihre Möse konnte ich unter dem dichten Pelz nur erahnen, so dicht wucherten dort ihre schwarzen Schamhaare, die sie offensichtlich nur an den Seiten mit dem Rasierer etwas im Zaum hielt.

»Ich habe Vera von deinen Rasier-Künsten erzählt, und nun möchte sie uns gern dabei zusehen«, sagte Gisela und fuhr sich dabei noch einmal kräftig rubbelnd mit dem Badetuch zwischen die Beine.

Ich bekam jetzt von beiden Frauen einen saftigen Kuss zur Begrüßung und bemerkte, dass sich meine Vorfreude - natürlich für beide sichtbar - deutlich in meiner Hose abzeichnete. Das wollten die beiden jetzt wohl näher in Augenschein nehmen, denn mit einem Mal schubsten sie mich rücklings aufs Bett, öffneten den Reißverschluss und zogen Jeans und Slip gleichzeitig herunter. Beim Hemd wollte ich ihnen helfen, doch von zärtlichen Küssen auf meine Brustwarzen untermalt, ließen sie sich auch diese Arbeit nicht aus der Hand nehmen.

»Bevor diese wilde Knutscherei jetzt in einen flotten Dreier mündet, sollten wir das doch Rasieren nicht vergessen! Dazu ist Vera doch heute hier«, gab ich zu bedenken, und damit waren beide einverstanden. Ich durfte mich erheben und ging - meine Latte voran - in mein Badezimmer, um das Rasierzeug zu holen.

Gisela musste sich nun rücklings auf ihr Bett legen und bekam noch ein Handtuch unter den Hintern, der dicht an der Bettkante zum Liegen kam. Ich kniete mich zwischen ihre weit gespreizten Schenkel und begann, mit meinem Pinsel den Rasierschaum rund um ihre Möse kräftig einzuschäumen.

Dann nahm ich meinen Nassrasierer und machte rechts von ihrer Spalte einen ersten langen Strich. Langsam arbeitete ich mich so weiter in Richtung ihrer Pflaume vor. Um Giselas empfindlichste Körperpartie nicht zu verletzen, führte ich zwei Finger der anderen Hand in ihre Spalte ein und zog die rechte äußere Schamlippe etwas nach links, um ein schönes, ebenes Arbeitsfeld zu bekommen.

Als ich zwischendurch aus dem Badezimmer frisches Wasser holen musste, deponierte ich meinen Rasierer einfach, indem ich seinen Griff kurzzeitig in Giselas Möse steckte. Von dieser supercoolen Aktion war Vera mehr als begeistert.

Vorsichtig rasierte ich dann die letzten verbliebenen Härchen ab und wiederholte diese Aktion spiegelverkehrt auf der anderen Seite. Schließlich musste Gisela noch ihren Hintern etwas anheben, damit ich auch ihre kleinen krausen Härchen in Richtung Damm erwischen konnte.

Vera hatte das Schauspiel offensichtlich so gut gefallen, dass sie sich dabei die ganze Zeit bereits den Busen massierte und sich zwei Finger in die Möse geschoben hatte. Dann kniete sie sich neben mich, und überfallartig hatte sie meinen steifen Prügel tief in ihrem Mund versenkt. Doch so hatten wir nicht gewettet. Ich machte mich erst einmal von Vera frei und begann, die Seifenreste an Giselas Unterleib mit einem feuchten Tuch wegzuwischen. Dann wurde der vom Rasieren etwas malträtierte Bereich mit einem milden Aftershave behandelt. Auch Vera nahm sich einen großen Klecks von der Creme und rieb sich damit – obwohl sie heute unrasiert geblieben war - im Schritt tüchtig ein.

Doch danach gab es kein Halten mehr. Die Frauen platzierten mich rücklings mitten auf Giselas Doppelbett. Meine Frau konnte es - wie gewohnt - kaum noch erwarten, setzte sich mit weit gespreizten Beinen auf mich und pfählte sich in einem Ruck bis zum Anschlag. Vera setzte sich ebenfalls breitbeinig auf mein Gesicht, sodass mein Mund automatisch vor ihrer in dem dichten Haarbüschel verborgenen Möse zu liegen kam. Und ganz freiwillig nahm meine Zunge dann dort ihre Arbeit auf. Ich leckte erst behutsam rund um ihre haarige Spalte, knabberte zärtlich an ihrem Kitzler und stieß schließlich mit der Zunge, so weit ich konnte, in ihren Lustkanal. Die Prozedur wiederholte ich etliche Male: Zunge in die Spalte schieben, am Kitzler saugen und knabbern und wieder die Zunge hinein.

Über mir konnte ich dabei ihre herrlichen Glocken mit den riesigen Vorhöfen wippen sehen, die ich gleichzeitig einer professionellen Knetkur unterzog, sodass Vera vor Lust aufschrie. Das turnte mich nur noch mehr an, zumal meine Frau weiterhin kräftig auf meiner Stange ritt.

Ich fasste jetzt um Vera herum, prüfte ihre herrlichen Arschbacken und steckte ihr vorsichtig einen Finger in den Anus, was ihr erneut einen spitzen Lustschrei entlockte. Der Nächste folgte, als Gisela neben meinem Mittelfinger ebenfalls einen Finger in Veras Hintereingang bohrte. Und unsere Vera war nun so supergeil, dass sie hinter sich griff und tatsächlich neben unseren beiden Händen noch Platz fand, um sich selbst den inzwischen bereits dritten Mittelfinger einzuverleiben.

Schnell hatten unsere drei Finger dort einen gemeinsamen Rhythmus gefunden. Das in ihrem Schritt verschmierte Aftershave bekam nun eine ganz andere Bedeutung: unsere ihren Hintereingang gemeinsam fickenden Finger entlockten diesem jetzt schmatzende Geräusche.

Das war endgültig zu viel für Vera, zumal ich ja weiterhin ihre Pflaume kräftig mit meiner Zunge verwöhnte! Von einem gewaltigen Orgasmus wurde sie plötzlich hin und her geschüttelt und schrie ihre Geilheit laut heraus. Und auch Gisela und ich konnten nicht mehr an uns halten. Giselas Möse lief vor Geilheit fast über, als ich meinen heißen Samen in großen Schüben in sie hineinpumpte. Ermattet fielen wir auseinander.

»Du kannst gern noch öfter kommen«, unterbrach ich dann die Stille, in der man lediglich unseren schweren Atem hören konnte. »Ich meine, hier unter, über oder zwischen uns - vor lauter Geilheit und natürlich auch auf einen neuen Besuch. Es war richtig toll mit dir, Vera! Du bist im Bett schon eine echte Granate!«

»Habe ich dir zu viel von meinem Werner versprochen?«, mischte sich Gisela nun ein. »Wir hatten schon abends in Polen mächtig Spaß miteinander, wenn wir unsere Klassen endlich in den Betten oder zumindest auf den Zimmern hatten.«

»Bist du solo oder kannst du beim nächsten Mal jemanden mitbringen?«, wollte ich dann noch wissen.

»Ich könnte meinen Vermieter mitbringen. Doch der ist über 70 und hat Asthma.«

»Das lassen wir dann lieber. Wichtig ist nur, dass du nicht rumquatschst. Wir ficken sehr gern mit dir, aber das müssen die anderen im Ort nicht unbedingt wissen«, sagte ich. »Und wenn du es möchtest, kann ich deiner recht wilden Mösenbehaarung ja auch mal eine professionelle Frisur verpassen. Du hast ja heute gesehen, wie das geht, und dass es dazu noch ordentlich Spaß machen kann.«

Jetzt ergriff Vera wieder das Wort: »So, genug gequasselt! Nächste Runde! Ich will jetzt auch mal deinen schönen Schwanz drin haben!«

Gisela, die während unserer Unterhaltung schon eifrig an meiner Wurzel herumgespielt hatte, überließ meinen halbsteifen Riemen jetzt ihrer Freundin, die sich natürlich nicht lange bitten ließ.

Während Vera mein schönes Gerät erst einmal kräftig abschleckte und in ihre gierige Mundfotze schob, machte sich meine Frau bereits an Veras Möse zu schaffen.

Waren wir nicht ein herrlich verficktes Trio? Das Leben kann ja so schön sein!

Wildes Treiben im Swingerclub

Wir besuchen gern den Pärchenclub in einer mittelgroßen Stadt, die an die siebzig Kilometer von unserem Wohnort entfernt liegt. Als Annette und ich in der vergangenen Woche dort ankamen, war schon ordentlich was los. Es war ein reiner Pärchenabend, also keine Singles, und inzwischen waren bestimmt schon dreißig Leute da. Das Alter lag zwischen 30 und 65 Jahren.

Annette ist 46, ungefähr 1,65 m groß und schlank. Sie hat kurze, schwarze Haare, kleine, hübsche Brüste und geht ab wie die Feuerwehr. Für den Club hatte sie an diesem Abend ein enges T-Shirt angezogen, unter dem sich ihre fast ständig steifen Brustwarzen deutlich abzeichneten. Dazu trug sie einen knappen Slip aus Satin.

Nach einem ersten Drink an der Bar sind wir Hand in Hand auf Erkundungstour gegangen. Gleich im ersten Raum blieben wir stehen. Auf einer großen Liegewiese trieben es vier Pärchen miteinander – ein geiler Anblick!

Ich hatte mich in der Ecke des Zimmers auf einen Stuhl gesetzt. Unsere wenigen Klamotten hatten wir längst weggepfeffert. Annette setzte sich ohne langes Federlesen mit dem Rücken zu mir auf meinen Schwanz. Weil sie schon ordentlich feucht war, flutschte er rein wie nix. Mein bestes Stück ist normal lang, aber ziemlich dick.

Die beiden Paare auf der linken Seite der Spielwiese trieben es zusammen. Gerade blies eine Frau abwechselnd die beiden Schwänze. Die anderen waren jeder mit sich beschäftigt, oder hatten sie bereits den Partner getauscht? Auf jeden Fall war das ein herrliches Gerammel! Ein einziges Stöhnen, und in der Luft lag dieser bestimmte scharfe Fickgeruch.

Und wir beide? Nachdem sich Annette eine Zeit lang langsam auf meinem Schwanz auf und ab bewegt und ich mit der

Hand zusätzlich sanft ihren Kitzler gestreichelt hatte, standen wir schweren Herzens auf. Denn den ersten Orgasmus hinauszuschieben, ist schon seit Längerem unser Bestreben – Vorfreude ist schließlich die schönste Freude.

Im ersten Stock befindet sich der SM-Raum. Eine Frau, Mitte 40, war mit Armen und Beinen an einem Andreaskreuz fixiert, die Beine weit gespreizt. Ein Mann hockte vor ihr und leckte ausgiebig ihre glatt rasierte Spalte. Auf und ab ging seine Zunge und verwöhnte insbesondere die inneren Schamlippen und den Kitzler der Frau.

Annette und ich wurden bei dem Anblick wieder richtig geil – genauso geil wie das Pärchen, das neben uns stand. Wie auf ein Kommando hockten sich auch Annette und die andere Frau vor uns Männer, schnappten sich unsere Schwänze und fingen an zu blasen.

Herrlich, wie Annettes Zunge meine Eichel umspielte. Ich musste immer wieder nach links gucken, weil der Typ neben mir einen Wahnsinnsschwanz hatte. Bestimmt zweiundzwanzig Zentimeter lang und dick wie eine Salatgurke.

Annette war offensichtlich scharf auf das Monster. Immer wieder schielte sie zu ihm rüber. Schließlich gingen wir zu viert in das nächste Zimmer. Dort schnappte sich Annette sofort den dicken Prügel und ließ sich mit einem tiefen Seufzer auf den Typen niedersinken.

Ich hatte mich mit Susanne, so hieß seine Partnerin, danebengelegt. Susanne lag auf dem Bauch und streckte mir ihren prächtigen Hintern dermaßen nett entgegen, dass ich gar nicht anders konnte, als mein bestes Stück tief in ihr zu versenken.

Da ich langsam unter Hochdruck litt, brauchte es nur ein paar Stöße, bis ich das erste Mal an diesem Abend heftig kam und abspritzte. Am Zucken meines Nachbarn merkte ich, dass auch er so weit war. Und unsere beiden Frauen? Die leckten sich anschließend vor unseren Augen gegenseitig die Fotzen sauber und brachten sich so beide gegenseitig noch einmal zum Höhepunkt.

Gemeinsam gingen wir dann nach unten an die Bar, nahmen ein paar Häppchen vom Büffet und erholten uns in einer der großen Sitzgruppen.

Dann kam ein Mann an die Bar, seinen Schwanz halbsteif vor sich herschiebend. »Wir suchen noch drei Pärchen für das Karussell-Spiel«, sagte er. Wir nickten uns kurz zu und folgten ihm in das obere Stockwerk. Ein anderes, deutlich jüngeres Pärchen wollte auch noch mitspielen und hatte schon vor uns das Karussell-Zimmer betreten.

Mitten im Raum war eine kreisrunde Liegewiese von gut drei Metern Durchmesser, die mit Motorantrieb gedreht werden konnte. Die Liegewiese, die gut gepolstert und mit abwaschbarem Kunstleder bezogen war, hatte an ihrem Rand diverse Lederschlaufen. Genau sechs Frauen fanden auf ihr Platz, die sich mit den Köpfen einander zugewandt auf den Rücken legen und ihre Füße in die Schlaufen stecken mussten. Dabei mussten sie jeweils ihr linkes Bein über das rechte Bein der Nebenfrau legten und umgekehrt. So waren die Schenkel der Damen schön gespreizt, und ihre Mösen luden zum fröhlichen Verkehr ein.

Die dazugehörigen Männer mussten sich vor ihre Frauen stellen, sodass ihre Schwänze direkt auf das jeweilige Loch zielten. Unsere beiden Frauen wurden auf dem Drehteller genau gegenüber platziert.

Jetzt wurde der Motorantrieb des Karussells angeschaltet, aber das Rad noch nicht gedreht. Wir Männer begannen sofort damit, unsere Schwänze in die bereitliegenden Mösen zu versenken. Nach einer Minute leuchtete ein kleines gelbes Lämpchen auf, das immer schneller zu blinken begann. Das bedeutete das Ende des ersten Ficks. Denn als das Lämpchen auf Rot wechselte, drehte sich die Scheibe und hielt dann an einem durch einen Zufallsgenerator bestimmten Punkt an. Dann wurde wieder eine Minute lang, die vor einem liegende Frau gefickt und so weiter.

Nun mag man einwenden, dass eine Minute doch ziemlich kurz ist, aber angesichts der in einem Pärchenclub stets herrschenden geilen Grundstimmung und angesichts der die Männer perfekt anlachenden halb offenen Spalten hätte sich wohl nicht jeder Mann bei einem länger andauernden Fickintervall in der Gewalt gehabt und wäre zu schnell gekommen. Denn der Sinn des Karussell-Spiels liegt darin, alle sechs Frauen wenigstens einmal zu begatten.

Doch für den mit uns hereingekommenen jüngeren Mann war schon nach der zweiten Umdrehung der Scheibe Schluss. Er spritzte seinen Saft der vor ihm liegenden Frau direkt auf den Bauch.

Darauf schied er aus und musste sich in den hinteren Bereich zurückziehen, wo weitere Zuschauer unser Treiben verfolgen konnten. Seine Partnerin blieb weiter im Spiel und bekam - je nach Lust und Laune des Zufallsgenerators – noch weitere fremde Schwänze eingeführt. Das Spiel endet damit, wenn auch der letzte Mann abgespritzt hat.

Es gibt noch eine härtere Variante des Karussell-Spiels, bei der ausscheidende Männer durch andere ersetzt werden. Zu so einem wilden Gerammel müssen die Frauen aber auch bereit sein.

ER WEISS, WAS ICH WILL

Eigentlich heiße ich Lieselotte. Alle Welt nennt mich Lilo. ER nennt mich Lo. ER ist mein Freund, nein: mein Herr, mein Meister, mein Gebieter.

Ich kenne ihn erst seit ein paar Monaten und bin ihm verfallen, bin ihm vom ersten Tag an hörig. Ich war einkaufen, wollte mir in einem Kaufhaus neue Wäsche aussuchen, da sprach ER mich einfach von der Seite an: »Das steht dir nicht!«, sagte er mit solch einer Bestimmtheit, dass ich unwillkürlich zurückzuckte, die von mir bereits ausgesuchten Dessous achtlos beiseitelegte und ihm folgte.

In der Fußgängerzone setzte ER sich bei einem italienischen Eiscafé hin und trank einen Cappuccino. Ich bekam nichts zu trinken, musste so lange neben ihm stehen bleiben, bis ER ausgetrunken hatte. Dann gingen wir weiter, ich immer etwa einen halben Meter hinter ihm, als wenn ER mich an einer Halskette hinter sich herziehen würde.

Wir kamen zu seinem Wohnhaus, einem eher unscheinbaren Gebäude am Rande der Innenstadt, das auch ohne Garten war. Nur zur Straße hin gab es eine kleine gepflasterte Fläche zwischen Bürgersteig und Hauswand, die durch einen Metallzaun abgetrennt war.

ER ließ mir diesmal sogar den Vortritt, sodass ER gleich hinter mir wieder abschließen konnte. ER wies mich an, ins Wohnzimmer zu gehen, ein gemütlich eingerichteter Raum mit einem ausladenden Sofa und zwei passenden Sesseln, einem Stollenschrank mit eingelassenem Flachbild-TV und einem Sideboard. Ein Kaminfeuer verbreitete eine angenehme Wärme.

»Zieh dich aus!«, befahl ER. Ich legte vorsichtig meine Oberbekleidung ab, Jacke, Bluse und Jeans. Als ich ihn dann fragend anblickte, schaute ER gar nicht hin. Ich legte also meinen weißen Spitzen-BH auch ab und streifte den Slip herunter. Nun sollte ich mich im Kreis drehen. ER saß währenddessen auf dem Sofa, hatte den Reißverschluss seiner Hose geöffnet und strich sich genüsslich über seine Latte.

Dann sollte ich mit dem Rücken zu ihm stehen bleiben und mich weit vorbeugen, bis ich mit den Händen meine Fesseln berührte. ER bequemte sich dann aus dem Sofa, ließ seine Hosen fallen und schob mir seinen steifen Schwanz von hinten stumpf in die Möse. Da ER sich zusätzlich an meinen Schultern festhielt, konnte ER seinen großen Pimmel gut in mich reinstoßen.

Als ich ein leises Stöhnen von mir gab, herrschte ER mich an, still zu sein und ihn demütig zu empfangen. Mein Stöhnen war aber nicht nur ein Zeichen von Anstrengung oder dass mir die plötzliche Penetration wehtat, nein, ich war von null auf hundert richtig geil, wollte ihn endlich in mir spüren. Ich musste mich also zurückhalten. Aber während ER so brutal von hinten in mich reinstieß, kam ich mehrmals. Ich hoffte natürlich, dass ER das nicht bemerkt hatte.

Irgendwann musste aber auch ER der Geilheit und der harten Fickerei in meine enge Möse, die bei meiner gebückten Haltung noch zusätzlich von meinen Oberschenkeln zusammengedrückt wurde, Tribut zollen und entlud sich in mir. Ich konnte spüren, wie sein Schwanz mehrere Salven in mich reinspritzte.

Dann setzte ER sich wieder auf das Sofa und forderte mich auf, seinen Schwanz sauber zu lecken, was ich nur zu gern tat.

Aber was war mit meiner vollgepumpten Möse? Unkontrolliert lief mir die von uns beiden im Überfluss produzierte Ficksoße einfach so die Beine runter.

Irgendwann stand ER auf und warf meine Dessous einfach in den Kamin. »Die brauchst du nicht mehr«, sagte ER knapp. »Nächstes Mal bringst du alle deine Slips und BHs mit!« Ich nickte nur, weil ich nicht wusste, wie ich ihn ansprechen sollte. Sein Name stand zwar an der Haustür, aber seinen Vornamen hatte er mir nicht verraten. »So, jetzt zieh dich an und geh nach Hause! Ich melde mich bei dir.«

Ich zog schnell meine Jeans, die Bluse und meine Jacke an, drehte mich noch einmal zum Sofa um, doch ER sah gar nicht auf. Leise ging ich in Richtung Flur und schloss die Haustür vorsichtig hinter mir.

Draußen auf dem Bürgersteig fühlte ich mich mit einmal so allein, ja irgendwie hilflos. Hoffentlich ruft ER schnell wieder an und lässt mich nicht so lange zappeln, dachte ich und machte mich auf den Weg.

Schon am nächsten Tag klingelte mein Telefon. Woher hatte ER eigentlich meine Nummer? »Pack deine Unterwäsche in einen Karton und komm her!«, sagte ER.

Ich tat, wie befohlen. Bis auf den letzten Slip wanderte alles in einen großen Umzugskarton, den ich auf dem Gepäckträger meines Fahrrades nur mit Mühe befestigen konnte. Ich wählte diesmal einen langen Wollrock und einen Pullover, verzichtete natürlich auf jede Art von Unterwäsche, zumal ich diese ja auch eingepackt hatte. Dann radelte ich los.

Ich musste nicht klingeln, seine Haustür stand weit offen. Ich packte also meinen Karton und ging zu ihm ins Wohnzimmer. »Das ist gut«, sagte ER. »Du wirst ab heute keine Unterwäsche mehr tragen.« Irgendwie fand ich das richtig und logisch. Ich wollte immer für ihn da sein, immer bereit und vor allem immer offen.

Auf einen entsprechenden Fingerzeig entledigte ich mich dann auch sofort meiner wenigen Kleidungsstücke und nahm sogar ungefragt wieder die gebückte Haltung ein wie am Vortag. Es schien ihm zu gefallen, dass ER mich so schnell dressiert hatte, denn dann lief genau dieselbe Prozedur ab. ER ließ seine Hosen fallen, steckte seinen Schwanz in meine Möse, steigerte seine Fickbewegungen und spritzte seinen Samen tief in mich hinein. Dass ich dabei erneut heimlich gekommen war, konnte ich ihm wieder erfolgreich verbergen, hoffte ich zumindest.

Danach wieder Schwanz ablecken und anziehen, dachte ich. Doch ER stand auf und öffnete eine Schublade des Sideboards, der ER eine kleine Schachtel entnahm. Als ER den Deckel öffnete, sah ich, dass es sich um zwei an einer Schnur befestigte Liebeskugeln handelte. ER schob sie schnell in meine triefend nasse Möse und gab mir Anweisungen: »Die behältst du jetzt immer drin, also bei der Hausarbeit, beim Laufen, beim Schlafen - einfach immer! Nur vor dem Gang auf die Toilette kannst du sie rausnehmen und anschließend sofort wieder einführen!«

Ich bedankte mich wieder mit einem Kopfnicken, was ihm offensichtlich gut gefiel. Dann zog ich meine Klamotten an, schwang mich draußen auf mein Rad und fuhr nach Hause. Schon auf dem Hinweg, ohne Höschen, hatte ich ständig ein geiles Gefühl im Unterleib, was jetzt durch die Liebeskugeln noch verstärkt wurde. Hätte ER mir befohlen, den Fahrradsattel abzumontieren und mir die Stange einzuführen, ich hätte es gemacht.

Am nächsten Tag klingelte wieder mein Telefon. »Komm heute um fünfzehn Uhr in den Stadtwald! Ich erwarte dich an der westlichen Ecke bei der Krippe für die Winterfütterung der Rehe.« Bums, aufgelegt.

Jetzt war es gerade Mittag. Ich ließ mir ein Bad ein und rasierte mir nach dem Einweichen die Beine. Da fiel mir etwas ganz Verwegenes ein. Sollte ich mir auch meine Möse blank rasieren? Ich hatte nämlich recht dichtes, dunkles Schamhaar, das ich nur an den Seiten mit dem Rasierer etwas im Zaum hielt, damit es an den Seiten nicht zu doll wucherte.

Jetzt schmierte ich mir meinen ganzen Busch mit Rasierschaum aus einer Sprühflasche ein und genoss erst einmal das wohlige Gefühl des Einreibens und der kalten Seife an der empfindlichsten Stelle meines Körpers. Dann rasierte ich mit meinem Damenrasierer einen verwegenen Streifen an beiden Seiten. Das gefiel mir noch nicht, wie ich in einem Taschenspiegel kontrollieren konnte. Also noch dichter ran! Schließlich war ich bei den äußeren Schamlippen angekommen, die jetzt auch blank und bloß lagen. Nur oberhalb der Möse ließ ich einen exakt ausrasierten Haarstreifen stehen, der ein paar Zentimeter unter meinem Bauchnabel mit etwa vier Zentimetern Breite begann und sich in Richtung meiner Spalte als Pfeil verjüngte - eine tolle Einladung, wie ich fand. Dass dort jetzt auch die hellblaue Schnur der Liebeskugeln heraushing, fand ich besonders geil.

Nach dem Abtrocknen zog ich mich an, wieder Rock und Pullover, und machte mich auf den Weg in den Stadtwald. Das Rad brauchte ich heute nicht, die Grünanlage befand sich ganz in der Nähe meiner Wohnung. Als ich etwas schneller lief, spürte ich die Liebeskugeln intensiv und musste mich zusammenreißen, um nicht jetzt schon zu kommen.

ER stand an der verabredeten Stelle und trug einen langen Mantel. Darunter war ER wahrscheinlich komplett nackt, dachte ich und wurde unten gleich feucht.

»Heute werde ich dich in den Arsch ficken«, kündigte ER an und öffnete seinen Mantel, unter dem ER tatsächlich nackt war. Sein Schwanz stand bereits in imposanter Größe von ihm ab. Ich musste mich dann mitten im Wald ausziehen, andere Spaziergänger waren zum Glück nicht zu sehen.

»Was haben wir denn da?«, fragte ER, als er das Ergebnis meiner Teilenthaarung betrachtete. »So geil ist die dumme Fotze, dass sie sich heimlich die Möse rasiert! Aber leider Pech gehabt, heute weite ich dein Arschloch.«

Gesagt, getan. Auch darauf war ich geil - wenn ER mich nur ordentlich nahm. Ich musste mich auf einem Baumstumpf abstützen, und ER schob mir seinen Steifen in meinen Hintereingang. Hui! Das tat anfangs doch etwas weh, doch ich verbiss mir jeden Laut. Und plötzlich gab es auch im Arsch genügend natürliches Gleitmittel, sodass sein heißer Kolben nur so in mich hinein und wieder heraus flutschte. Dabei griff ER mit einer Hand um mich herum und steckte mir zusätzlich drei Finger in meine Möse, während sein Daumen meinen Kitzler bearbeitete. Weil ER mit der anderen Hand noch an meinen Titten herumknetete, musste ich schon wieder kommen, aber eben nur ganz leise in mich hinein - wie ein kleines Mädchen, das heimlich unter der Bettdecke onanierte.

ER kam dann auch gleich, zog seinen Riemen aus meinem Po und spritzte seinen ganzen Saft auf meinen Rücken, sogar am Hals spürte ich noch ein paar Tropfen.

Doch damit war diese Begegnung noch nicht zu Ende. ER griff in seine Manteltasche und holte einen Analplug hervor. Ich musste mich wieder bücken und bekam den Analvibrator nun in mein frisch geficktes Arschloch geschoben. »Aber nicht selbst die Vibration einschalten!«, ermahnte ER mich noch, bevor ER seinen Mantel zuknöpfte und einfach davonging.

Ich schaute mich jetzt erst einmal um, ob uns vielleicht doch jemand beobachtet hatte, konnte aber zu meiner Erleichterung niemanden entdecken. Dann zog ich mich schnell an und machte mich auf den Heimweg. Der Analplug scheuerte etwas, und die Liebeskugeln machten mich wieder geil - ich weiß nicht, wie ich wieder nach Hause gekommen bin.

Am nächsten Tag läutete wieder das Telefon. »Ich habe eine Aufgabe für dich. Zieh dir einen langen Mantel an und nichts darunter. Dann stellst du dich heute um sechzehn Uhr auf die Brücke an der Bundesstraße. Wenn dann unten das Ausflugsboot durchfährt, zeigst du allen Leuten auf dem Schiff deinen nackten Körper!«, befahl ER mir und schob noch hinterher: »Ich werde dich beobachten!«

Oh, dachte ich, jetzt wirds kritisch. Das Ausflugsboot ist doch immer voll besetzt. Wenn da zufällig Bekannte von mir mitfahren? Ich wusste nicht, was ich tun sollte. Doch meine anfängliche Scham wurde von meiner Vorfreude und meiner Geilheit überdeckt. Bestimmt würde ER mich dafür besonders belohnen, hoffte ich.

Ich wählte einen langen roten Mantel und stellte mich zu dem verabredeten Zeitpunkt auf die Brücke. Schon von Weitem sah ich das Touristenboot herannahen, eine Art Barkasse mit gläsernem Dach, voll mit Menschen! Ich wollte erst nur kurz meinen Mantel lüften, entschloss mich dann aber doch, ihn komplett auszuziehen, und stellte mich sogar leicht breitbeinig auf das Brückengeländer. Zwischenzeitlich habe ich sogar überlegt, ob ich von der Brücke auf das Schiff herunterpinkeln soll. Zum Glück habe ich die Idee gleich wieder verworfen.

Da war schon ein riesen Geschrei auf dem Schiff! Alle Fahrgäste sahen sofort nach oben. Eltern zogen ihre Kinder weg oder hielten ihnen zumindest die Augen zu. Ich war jetzt irgendwie stolz auf mich, musste in dem Moment auch an meine erfolgreiche Intimrasur denken. Und dann sah ich ihn auf der hinteren Bank sitzen. ER hatte wieder den langen Mantel von gestern an und sein Gesicht durch einen breitkrempigen Hut getarnt. Und ER hatte ein Fernglas in der Hand, damit ER alles mitbekam.

Nachdem das Schiff die Brücke passiert hatte, kletterte ich glücklich wieder von dem Geländer herunter, zog meinen Mantel an und ging stolz nach Hause.

Noch am Abend klingelte mein Telefon. »Komm sofort! Ich zeige dir heute Abend mein Haus«, sagte ER. Ich wickelte mich wieder in meinen roten Mantel und schwang mich aufs Fahrrad, was aber wegen des Analplugs doch etwas beschwerlich war. So fuhr ich die meiste Zeit im Stehen, um nicht auf der aus meinem Hintern herausschauenden harten Analkappe sitzen zu müssen. Ich freute mich schon riesig auf die Hausführung.

ER nahm mich gleich an der Tür in Empfang. ER war nur mit einer Art Kettenhemd und mit einem schwarzen Slip bekleidet, der vorn offen war; sein steifer Schwanz streckte sich mir entgegen, bereits mit einem kleinen Lusttropfen, und auch sein Sack hing heraus. ER nahm mir den Mantel ab und legte mir eine Art Hundekette um den Hals. Daran zog ER mich über den Flur und die Treppe in den Keller hinunter.

Ich kam auf meinen hochhackigen Schuhen mehrfach ins Stolpern und musste mich an ihm abstützen. Gleichzeitig machte mich das Gepolter der Liebeskugeln in meiner Scheide fürchterlich geil, denn die Bewegung der inneren Kugeln wurde durch meinen harten Auftritt auf der Kellertreppe deutlich verstärkt. Als ich unten angekommen war, hatte ich die ernste Befürchtung, dass ich allein davon so feucht und so weit geworden war, dass mir die Liebeskugeln herausflutschen könnten.

Dann sah ich mich in dem großen Kellerraum um. Er hatte schwarze Wände und eine schwarze Decke, war sogar schwarz gefliest. Licht spendeten zwei Neonröhren. In der Mitte gab es einen großen Tisch mit zahlreichen Ösen und Schnallen darauf. An einer Wand hing ein Andreaskreuz, ebenfalls mit den entsprechenden Anschnallvorrichtungen.

Und dann sah ich plötzlich meine Dessous wieder. Sie waren offensichtlich wahllos in einen großen Korb mit offenstehendem Deckel geworfen worden. Obenauf lag mein schöner schwarzer Slip mit feiner Stickerei und dunkelroten Rändern. Darauf entdeckte ich eingetrocknete weiße Flecken, offensichtlich hatte ER mehrfach darauf onaniert.

ER führte mich zu einem Trimm-dich-Rad, das keinen Sattel und stattdessen einen Dildo hatte, der beim Tritt in die Pedale seine Arbeit aufnahm. ER zog mir die Liebeskugeln aus meiner Möse, ließ mich noch einmal daran lecken und warf sie dann achtlos auf die Dessous-Kiste. Ich musste mich auf das Trimm-dich-Rad setzen, den Gummischwanz einführen und ordentlich in die Pedale treten. ER gab die Geschwindigkeit vor.

Dann konnte ich wieder absteigen. Meine geilen Säfte liefen nur so aus meiner Möse. Jetzt legte ER mir eine Augenbinde um und führte mich zu dem großen Tisch, auf den ich mich rücklings hinlegen musste. ER fixierte meine Arme in den oberen Schnallen, spreizte meine Beine weit auseinander und fixierte auch meine Fesseln mit stabilen Bändern.

Der Tisch hatte an einer Schmalseite eine keilförmige Ausbuchtung, sodass mein Hintern mehr durchhing, als auflag. Das war sehr praktisch, weil ich ja immer noch den Analplug in mir trug. Jetzt spürte ich, wie ER an meinen Brustwarzen kleine Klammern befestigte. Die hatten zwar nicht so viel Kraft wie Wäscheklammern, taten aber dennoch höllisch weh. An den Klammern hingen offensichtlich kleine Kettchen, die ER jetzt neben meinem Kopf an den Ösen befestigte. Meine Titten wurden dadurch ständig nach oben gezogen. Nun kamen noch zwei weitere Klammern an meinen äußeren Schamlippen zum Einsatz. Mit Kettchen wurde meine Möse weit auseinandergezogen und die Ketten rechts und links am Tisch befestigt. Ich war jetzt ganz offen für ihn und zitterte vor Geilheit.

Zuerst zog ER den Analplug mit einem leisen Plopp aus meinem Arsch. ER ersetzte ihn durch einen dicken Vibrator, den ER gleich auf die höchste Stufe drehte. Ein wohliges Gefühl durchströmte meinen ganzen Körper. Dann führte ER mir einen offensichtlich etwas kleineren Vibrator in meine Scheide ein, der auch augenblicklich in Betrieb genommen wurde. Und daneben schob er noch seinen steifen Schwanz zusätzlich in mich rein.

Ich war ja so bereit, sein bestes Teil und auch den Gummipimmel gleichzeitig in mir zu haben - welch doppelte Wonne!

Trotz der immer noch latenten Schmerzen durch die Klammern an Brustwarzen und Schamlippen schwappte ich vor Geilheit über. Ich bekam einen Orgasmus nach dem anderen und konnte mich nicht zurückhalten. Ich schrie meine Gefühle laut heraus. Das turnte auch ihn nochmals an. ER zog seinen bereits heftig spritzenden Schwanz mit einem Ruck aus meiner Möse und spritzte mir mit einem lauten Stöhnen seine heiße Sahne auf Bauch und Titten.

Jetzt entfernte ER den mitgefickten Vibrator aus meiner Spalte und steckte dort nacheinander Wachskerzen hinein, Leuchterkerzen, wie ich annahm, und zählte mit. Bei sieben Kerzen machte ER Schluss. Meine Möse war so weit und weich, es hätten wohl noch deutlich mehr hineingepasst! Stattdessen zündete ER jetzt eine weitere Kerze an und ließ das heiße Wachs auf meinen Körper tropfen. Manchmal zischte es sogar ein wenig, wenn ER dabei zufällig einen der Spermatropfen erwischte.

Nun entfernte ER meine Augenbinde, löste auch die Klammern und band mich los. Ich konnte mir jetzt die ganze Sauerei ansehen, die ER auf meinem Körper hinterlassen hatte.

»Du warst sehr heute sehr demütig und hast dich gut verhalten«, bekam ich das erste Mal aus seinem Mund ein Lob zu hören. »Ich werde dich noch weiter prüfen. So lange kannst du bei mir bleiben«, sagte ER.

Sollte ich jetzt bei ihm einziehen, oder was? Ich wusste es nicht.

Die geile polnische Putzfrau

Gestern beim Abendessen hatte mir meine Frau Marion berichtet, dass morgen früh eine polnische Putzfrau zum Probeputzen vorbeikäme.

Das sei mir egal, hatte ich geantwortet. Ich würde sowieso morgen Überstunden abbummeln und könnte die Neue so etwas im Auge behalten.

Am nächsten Morgen lag ich nach dem Duschen noch im Morgenmantel auf dem Sofa im Wohnzimmer und blätterte in einer Autozeitung, als Marion reinkam und mir Danuta als unsere neue Putzfrau vorstellte.

Danuta war ein prächtiges Weib, hatte schöne Rundungen, lange, dunkle Haare und ein freundliches Gesicht. »Ich putzen heute«, brachte sie geradebrecht heraus.

Wenig später hörte ich unsere Haustür ins Schloss fallen, meine Frau war wohl zur Arbeit gegangen. Kurz darauf erschien Danuta wieder im Wohnzimmer. Sie hatte ihren Trench ausgezogen und trug zu ihrer langen Stoffhose einen dicken Pullover. Damit machte sie sich an die Arbeit.

Zum Staubwischen benutzte sie einen langen Stiel, an dem oben ein Knäuel aus Federn befestigt war. *Irgendwie wie Doris Day in ihren alten Filmen*, dachte ich spontan.

»Heut heiß«, sagte sie plötzlich und verschwand in Richtung Flur.

Als sie wiederkam, trug sie nur noch enge Leggins, durch die man ihren schwarzen String sehr gut sehen konnte - insbesondere, weil die Leggins ihr mit Sicherheit zwei Nummern zu klein waren. Ihre Vorliebe für enge Kleidung bewies sie auch mit ihrer weißen Bluse, die überall spannte und die Träger ihres ebenfalls schwarzen BHs deutlich durchscheinen ließ.

Als sie an der gegenüberliegenden Wand die unteren Regalbretter unseres Bücherschranks vom Staub befreite, konnte ich meinen Blick dann kaum von ihr abwenden, denn ich befürchtete einfach, dass ihre Kleidung jeden Moment aufreißen musste.

»Heut heiß«, sagte sie wieder und entschwand aus meinen Blicken.

Sie hatte die Leggins ausgezogen und stattdessen einen knappen Rock übergestreift, der natürlich ebenfalls zu stramm saß.

Als sie damit wieder am Bücherregal hantierte, bemerkte ich, dass sie auch ihren BH ausgezogen hatte.

Allmählich stieg mir der Saft in die Glieder, insbesondere in eines. Prompt fiel mein Bademantel auseinander, und ich lag auf dem Sofa mit einer steil aufgerichteten Rute.

Das musste das Dreckstück in der spiegelnden Scheibe gesehen haben, denn sofort kam sie mit bereits geöffneter Bluse auf mich zu und ließ meinen Schwanz sofort zwischen ihren großen Titten verschwinden, was ich als äußerst angenehm empfand. Ihre Bluse, der Rock und ihr Slip segelten schnell quer durchs Zimmer, und Danuta setzte sich rücklings auf meinen Pfahl.

In dem Moment kam Marion zur Tür rein, aber nicht, wie ich erwartet hatte, sauer und verärgert.

Da fiel mir erst auf, dass auch sie vollkommen nackt war und sich nur eine kleine weiße Schürze umgebunden hatte. Dazu trug sie sogar ein Dienstmädchen-Häubchen im Haar. Sie wedelte jetzt sogar mit so einem Staubbesen wie Doris Day in der Luft herum.

Lachend sagte sie: »Na, reingefallen! Das ist nicht Danuta, unsere neue Putzfrau, sondern Manuela, meine neue Freundin! Wir wollten dir mal etwas Abwechslung gönnen, und der Spaß ist uns ja wohl gelungen.«

Danuta, beziehungsweise Manuela, hatte inzwischen ihre Position etwas gewechselt und sich nun mein strammes Rohr hinten eingefädelt. Darauf ritt sie nun hoch und runter.

Marion drängte sich zwischen unsere Beine und leckte Manuela die Möse. Auch ich wurde von meiner Frau weiter verwöhnt und bekam die Eier gestreichelt. Daneben ging sie mit einem Finger etwas verwegen auf Wanderschaft, streichelte über meinen Damm und liebkoste meine Rosette, jedoch ohne in den Darm einzudringen.

Da konnte ich nicht länger an mich halten, zog meinen bereits heftig zuckenden Schwanz aus Manuelas Arsch und spritzte meine geile Ladung irgendwo zwischen die beiden Frauen. Marion traf es mitten im Gesicht, und bei Manuela reichte es immerhin bis hinauf zu ihren geilen Titten.

Wir standen jetzt alle auf, fielen uns erst einmal in die Arme und küssten uns. Ich merkte nicht erst jetzt, dass auch zwischen Marion und Manuela ein Feuer brannte.

Dann sagte meine Frau: »Ich hätte übrigens nichts dagegen, wenn du mich auch einmal so überraschen und mir ungefragt ein Geschenk mit einem schönen, dicken Schwanz ins Bett legen würdest.«

Ich war erst einmal etwas geschockt. Doch dann überlegte ich, wie und mit wem von meinen Kumpels ich ihr diesen Wunsch erfüllen könnte.

Das versaute Aufnahmeritual

Liebe Jenny,

ich war gestern ziemlich aufgeregt: Denn gestern war mein großer Tag! Ich sollte endlich in die Gruppe der Deichrocker aufgenommen werden. Mein Leben sollte ab jetzt endlich aufregender werden, endlich vorbei der blöde Trott auf dem Land!

Wie du weißt, bin ich jetzt zweiundzwanzig Jahre alt und wohne immer noch bei meinen Eltern in dem kleinen Dorf an der Nordsee. Hier hinterm Deich ist absolut tote Hose. Hier ist sprichwörtlich der Hund begraben, hier sagen sich Fuchs und Hase gute Nacht, und hier werden abends die Bürgersteige hochgeklappt, wenn unsere Dorfstraßen denn überhaupt welche hätten.

Doch ich bin hier geboren, bin in die Grundschule im Dorf gegangen und war dann auf der Realschule in der nächsten Stadt, immerhin fast zwanzig Kilometer entfernt - für mich damals eine halbe Weltreise. Nach der Schule bin ich als Verkäuferin bei meiner Tante in die Lehre gegangen; sie hat in unserem Dorf den kleinen Kaufmannsladen: Lebensmittel, Getränke und andere Dinge des täglichen Einkaufs von Butterbrotpapier bis zu Hygieneartikeln - also auch OBs und Kondome, die allerdings nicht in einem Aufsteller an der Kasse standen, sondern mehr oder weniger in der hintersten Ecke des Ladens, gleich neben der Pfandflaschen-Annahme.

Mit den Jungs im Dorf konnte ich nie viel anfangen. Ich glaube, die wollten lieber Fußball spielen. Eine richtige Freundin hatte ich bisher auch nicht, Schulfreundinnen ja, aber das meine ich nicht. Ich hätte gern eine Busenfreundin wie dich gehabt, die mich richtig versteht.

Und bei den wenigen Malen, die ich später in die Stadt gefahren bin, habe ich auch keinen tollen Jungen kennengelernt. So habe ich mich notgedrungen zu Hause bei meinen Eltern nützlich gemacht, habe meiner Mutter bei der Wäsche und beim Hausputz geholfen; besonders gern habe ich in unserem Garten mitgearbeitet. Ich liebe es, zuzuschauen, wie sich die einzelnen Pflanzen entwickeln, wie die Blumen gen Himmel wachsen, ihre Blüten bilden und diese sich dann zur vollen Pracht entwickeln. Selbst Unkrautzupfen habe ich immer gern getan und nicht als lästige Pflicht empfunden. Und jetzt schäme ich mich fast ein bisschen, wenn ich gestehe, dass ich unter Anleitung meiner Mutter auch gern Handarbeiten gemacht habe: Häkeln, Stricken und Blusen, Röcke und ganze Kleider selbst nähen. Zu Hause hieß es daher immer: »Petra, kannst du mal dies? Petra, kannst du mir mal helfen? Petra, kannst du mir mal das holen?« Und so weiter.

Ich habe das natürlich nur gemacht, um mich zu beschäftigen. Es gab ja sonst nichts Aufregendes hier. Doch halt! Hier gibt es die Deichrocker, eine wilde Motorradclique. Ich habe ihnen schon immer sehnsüchtig hinterhergeschaut, wenn sie mit ihren schweren Maschinen durch die Dorfstraße knatterten. Wie gern wäre ich eine von ihnen gewesen! Doch einmal habe ich mich getraut und mich vorsichtig zu dem alten Resthof geschlichen, in dem sie ihr Rockerdomizil haben.

Ganz vorsichtig habe ich von außen durch die fast blinden Scheiben des Schuppens gelugt und hätte vor Schreck fast laut losgeschrien. Mitten in der Scheune war ein Lager aus Strohballen aufgebaut, auf dem eine der Rockerbräute mit weit gespreizten Beinen lag, splitterfasernackt. Ein Typ vögelte die Frau, und alle anderen Bandenmitglieder standen im Kreis herum und klatschten im Takt. Mir rutschte fast das Herz in die Hose. Gleichzeitig wurde ich da unten aber auch schlagartig feucht. Jetzt wusste ich, wie ich aus meinem Alltagstrott entfliehen konnte: Ich musste eine von ihnen werden!

Doch leichter gesagt als getan. Denn natürlich besaß ich kein fettes Motorrad. Und mit meinem alten Drahtesel brauchte ich mich bei der Truppe gar nicht erst vorzustellen. Das Gesehene verfolgte mich dann bis in meine Träume. Und wenn ich dann wach in meinem Bett lag, ging meine Hand fast automatisch unter die Bettdecke und fühlte zwischen meinen Beinen, ob ich wieder feucht geworden war.

Natürlich wusste ich, was Sache ist, wusste, dass Männer und Frauen miteinander Sex haben. Ich hatte es ja auch vor einigen Jahren mit dem zwei Jahre älteren Sohn einer Urlauberfamilie nachts am Deich einmal probiert. Es war auch gar nicht schlecht, aber auch nicht richtig gut. Aber es war mein erstes Mal. Seitdem blieben mir einige Jahre lang nur die Sehnsucht, nur meine eigenen Streicheleinheiten und die Glücksmomente, die ich mir mit meinem heimlich in der Stadt gekauften Vibrator selbst gemacht habe.

Doch dann zog Robert in unser Dorf, ein Mann, der die Ruhe hier dem hektischen Leben in der Stadt vorzog. Robert ist ungefähr mein Jahrgang, über 1,80 m groß, breitschultrig und zwischen den Beinen gut bestückt, was ich inzwischen zu schätzen weiß.

Bevor mir eine andere Tussi den Prachtkerl wegschnappte, habe ich zugegriffen, ihn beim Einkaufen im Laden meiner Tante einfach von der Seite angequatscht, und schon hatte es zwischen uns gefunkt.

Was aber das Wichtigste ist: Robert hat ein Motorrad! Und er hatte sich auch bereits den Deichrockern angeschlossen. Ich durfte auf dem Sozius mitfahren, aber zu den Deichrockern selbst durfte er mich nicht mitnehmen. Die Clique hat ein festgelegtes Aufnahmeritual, dem ich mich jedoch stellen wollte.

Hierzu hatte ich mir schöne Wäsche angezogen und mich mit einer weißen Bluse und einem luftigen Petticoat ausstaffiert. Ich wollte den Jungs doch eine kleine Show bieten. Robert schaute etwas skeptisch an mir hoch und runter, als er mich zu dem Treffen abholen wollte. Mit meiner Erklärung war er dann aber einverstanden, und ich durfte mich hinter ihm auf den Bock schwingen.

Nach wenigen Kilometern erreichten wir mit wehenden Röcken den Resthof und wurden von allen mit lautem Gejohle begrüßt. Robert ließ seine Maschine draußen stehen und führte mich in die Scheune. Hier gab es in einer Ecke eine Werkstatt mit reichlich Platz, um an den Maschinen zu arbeiten. Strohballen luden zum Klönen ein, und an der hinteren Wand stand eine alte Musikbox, die einen guten Sound hatte.

Pit, der Anführer der Deichrocker, ließ in der Mitte zwei Tische zusammenstellen und forderte mich auf, der wilden Horde etwas vorzutanzen. Ich wurde auf die Tische gehoben, die Wurlitzer spielte ein Lied von Elvis, und ich fing brav an, mich auf der improvisierten Bühne rhythmisch zur Musik zu bewegen. Den meisten Eindruck machte ich wohl damit, dass ich zwischendurch den Petticoat hochwirbelte und mein Spitzenhöschen zu sehen war.

Dann war der Song zu Ende, und ich wurde vom Tisch wieder heruntergehoben. »Du willst also bei uns Mitglied werden?«, fragte Pit, was ich mit einem »Ja, gern!« hinreichend beantwortete.

»Du weißt aber, dass dir bei uns Rockern eine harte Aufnahmeprüfung bevorsteht?«

»Ich bin zu allem bereit«, antwortete ich wahrheitsgemäß, nicht ahnend, was mir damit gleich bevorstand.

Mir wurden dann die Augen verbunden, und zusätzlich bekam ich noch eine Motorrad-Sturmhaube über meinen Kopf gestülpt, die vorn so weit heruntergezogen wurde, dass sie noch über meinen Augen lag und der Sehschlitz jetzt in Höhe meines Mundes war. Dann wurde ich zu einem der Strohballen geführt und musste mich hinsetzen.

Pit erklärte mir die Regeln: »Meine Kumpels und ich werden jetzt nacheinander unseren Schwanz in deinen Mund stecken. Wir sind neun Mann, mit deinem Robert musst du also zehn Schwänze lutschen. Deine Aufgabe ist es, herauszufinden, welcher Schwanz, der von deinem Robert ist.«

Das kann ja heiter werden, dachte ich, machte aber brav meinen Mund auf, um den ersten Rockerpimmel mit Mund und Zunge zu prüfen. Ich hatte hierbei leichtes Spiel, denn ich hatte Roberts bestes Stück ein paar Tage vorher etwas zu heftig mit den Zähnen bearbeitet, sodass an der Vorhaut eine kleine Wunde entstanden war und ich jetzt nur nach dieser verschorften Stelle suchen musste.

»Mein Robi war die Nummer 6, ihr Schlappschwänze«, flötete ich deshalb vielleicht etwas vorlaut, nachdem ich auch den zehnten Pimmel abgeleckt hatte.

»Die Kleine kennt sich aus«, rief Pit begeistert in die Runde. »Dann wollen wir sie uns jetzt mal richtig vornehmen!«

Ich konnte die Sturmhaube und die Augenbinde wieder abnehmen. Und dann musste ich mich ganz ausziehen. An meinen Handgelenken und Beinen wurden Lederbänder befestigt. So musste ich mich breitbeinig rücklings auf einen Tisch legen.

»Jetzt wollen wir mit dir unseren Spaß haben«, sagte Pit. »Nacheinander wird dich jetzt jeder unserer Clique nach Herzenslust durchvögeln und dir seinen Saft auf den Bauch spritzen. Dafür werden wir dich lieber mit den Lederriemen am Tisch fixieren. Auch klar, dass Robert bei dieser Nummer nicht mitmachen wird.«

»Das klingt doch gar nicht schlecht«, gab ich frech zur Antwort. »Und anbinden müsst ihr mich dabei gar nicht, ich laufe schon nicht weg!«

Gesagt, getan! Der erste der neun Rocker packte seinen Pimmel aus und nahm mich stehend vor dem Tisch. Die ganze Prozedur war zwar etwas herzlos, aber ich wurde ja nicht vergewaltigt, ich machte ja freiwillig mit. Insofern lief auch alles wie geschmiert, und zwar im wahrsten Sinne des Wortes. Durch meine zunehmende Geilheit produzierte mein Körper so viele Säfte, dass die Schwänze der neun Typen bei mir nur so rein- und rausflutschten.

Ich konnte auch nicht stillhalten, doch festbinden mussten sie mich deswegen nicht. Ich wand mich unter den Kerlen vor lauter Geilheit hin und her, kam ihnen mit meinem Becken sogar noch ordentlich entgegen. Ab dem zweiten oder dritten Typen, so genau weiß ich das gar nicht mehr, bin ich dann auch mehrfach zum Orgasmus gekommen und habe meine Geilheit wild herausgeschrien, was die Umstehenden mit lautem Gejohle quittierten.

Wenn ich mir überlege, dass ich, seit der Premiere mit dem Urlauber und jetzt meinen Zärtlichkeiten mit Robert so gut wie unterfickt war, so habe ich in dieser Stunde einiges nachgeholt.

Die Rocker fickten mich, wie versprochen und angekündigt, alle nacheinander. Jeder brauchte fünf bis acht Minuten, bis er fertig war. Entweder spritzte er mir seinen Saft gleich nach dem Rausziehen auf meinen Bauch, oder er musste noch ein paar Mal wichsen, um abspritzen zu können. Nach zwei bis drei Nummern kam dann ein anderer Rocker mit einem kleinen Löffel und schöpfte das Sperma von meinem Bauch ab und natürlich auch das, was links und rechts an mir bereits heruntergelaufen war.

Einmal kam auch Robert zu mir an den Tisch. Er machte ein etwas besorgtes Gesicht und wischte mir fürsorglich den Schweiß von der Stirn. Als er jedoch in meine vor Geilheit funkelnden Augen sah, waren seine Sorgen im Nu verflogen und er freute sich mit, wie glücklich ich unter den geilen Kerlen war.

Zum Glück ist mir keiner der Rockertypen dabei an die Rosette gegangen, denn mein Hintertürchen ist exklusiv für meinen Robi reserviert.

Nach neun Schwänzen - Pit war diesmal der Letzte in der Reihe und ließ sich auch am meisten Zeit - war die geile Rammelei leider zu Ende! Denn meinetwegen hätten sie gleich wieder von vorn anfangen können. Ich kam mir vor, als wäre ich nur noch ein Klumpen geiles Fleisch, total ohne Knochen. Und das zeigte sich dann auch, als ich aufstehen wollte. Meine Beine versagten mir ihren Dienst. Ich musste mich erst einmal hinsetzen.

Auf diesen Moment hatte Pit wohl nur gewartet. Er ließ mir ein Glas mit einer milchigen Flüssigkeit bringen und sagte: »Damit du wieder zu Kräften kommst!« Mir war natürlich klar, was da so herumschwamm. Tapfer setzte ich das Glas an meine Lippen und leerte es fast in einem Zug. Warum sollte ich das eingesammelte Sperma auch nicht trinken? Ich hatte ihre ungewaschenen Pimmel vorhin doch auch schon alle im Mund gehabt - und danach haben sie mir so viel Spaß bereitet. Und als ich mir dann noch genüsslich mit der Hand über die Lippen fuhr, als ob ich Bierschaum abwischen würde, da war die Stimmung bei den Deichrockern auf dem Höhepunkt.

Eine der Rockerbräute nahm mich am Arm und führte mich in die hinteren Räume des Rockerdomizils. Im Gegensatz zu der Tenne war hier alles picobello. Mehrere sauber tapezierte Räume mit gemütlichen Sitzgruppen, eine voll ausgestattete Einbauküche mit modernsten Elektrogeräten und ein gefliestes Bad mit Zugang zu einer großen Saunakabine.

Ich stellte mich unter eine der Duschen und wusch mir die inzwischen verklebten Spermareste ab. Schade eigentlich, dass ich kein bleibendes Andenken hatte. Doch da hatte ich mich getäuscht!

»Du bist jetzt bei den Deichrockern aufgenommen«, verkündete Pit. »Jetzt bekommst du noch unser Club-Abzeichen verpasst.« Ich wusste, was das bedeutete. Robert hatte mir vor ein paar Wochen stolz das Branding auf seinem Oberarm gezeigt: ein Kreis mit den Buchstaben DR für Deichrocker. Aber wohin sollte ich es bekommen?

Ich musste mir darüber keine großen Gedanken machen. »Rock hoch, Höschen aus und auf den Bauch hinlegen!«, befahl mir Pit. Jetzt wurde ich tatsächlich doch noch mit Lederbändern am Tisch festgebunden.

Einer kam dann mit einer Eisenstange, an deren unteren Ende der Stempel angebracht war. Und ein anderer Rocker rollte aus dem Werkstattbereich einen Schweißbrenner heran, mit dem der Eisenstempel wohl erhitzt werden sollte.

Dann ging alles sehr schnell. Zisch, machte es. Rauch stieg auf und es roch nach verbranntem Fleisch. Mein Arsch brannte wie Hölle, also wie Höllenfeuer! Ich bekam noch etwas Alkohol darauf gegossen, damit sich die Wunde nicht entzündete, und ein großes Pflaster.

Dann war die Aufnahmezeremonie vorbei. Robert gab mir einen dicken Kuss. Er hatte eine kalte Flasche Bier in der Hand und für mich natürlich auch eine. Das Geklirr der aneinanderstoßenden Flaschen leitete ein feuchtfröhliches Zechgelage ein. Zwischendurch sind immer mal wieder Pärchen in die hinteren Räume verschwunden oder sind gleich auf den Strohballen übereinander hergefallen. Gefickt habe ich an dem Abend aber nicht mehr.

Irgendwann haben wir uns von der Clique verabschiedet, wobei von allen nochmals meine Standfestigkeit gelobt wurde. Robert, der fast nichts getrunken hatte, brachte mich mit seiner Maschine sicher nach Hause.

Als ich unser Wohnhaus betreten wollte, sah ich dich hinten im Garten sitzen. Ich habe zwar noch eine Zigarette mit dir geraucht, doch von meinen Erlebnissen erzählen konnte ich dir gestern Abend nicht mehr, dazu war ich einfach zu müde. Ich sagte noch, dass ich meine Geschichte ja aufschreiben könne, was ich hiermit getan habe.

Zu Hause fiel ich schnell in einen tiefen Schlaf. Und zum Glück musste ich am nächsten Tag nicht bei meiner Tante im Laden stehen. Das hätte ich wohl nicht überstanden.

Sex am FKK-Strand

Mein Mann und ich waren an dem Tag erst relativ spät an den Strand gegangen. Entsprechend leer war das Areal schon. Außer uns verloren sich hier nur noch zwei andere Pärchen, wobei die ersten beiden sich jetzt auch auf den Heimweg machten.

Das machte uns aber nichts aus, im Gegenteil. Jetzt war es doch viel intimer. Nach einem erfrischenden Bad in der See trockneten wir uns ab und legten uns auf unsere Strandtücher.

Ziemlich unbeobachtet gingen unsere Hände an einem öffentlichen Badestrand etwas forscher als sonst auf Wanderschaft, gerade an einem FKK-Strand wird das ansonsten nicht gern gesehen. Während ich Peter über den Bauch streichelte und mich so weiter nach unten vorarbeitete, hatte er seine Hand auf meinen Busen gelegt und zwirbelte keck an meinen Brustwarzen.

Unsere neckischen Spielchen blieben natürlich nicht ohne Wirkung. Bei mir wurde es zwischen den Beinen immer feuchter und Peter hatte seinen Mast schon ziemlich steil aufgerichtet.

Als ich jetzt einmal nach rechts zu dem anderen Pärchen umschaute, waren die beiden auch in den Nahkampf übergegangen. Die Frau wog seine Eier mit der einen Hand und hielt sich mit der anderen an seinem Schaft fest, der natürlich steif in den Himmel ragte.

Die Frau zwinkerte mir jetzt zu und winkte, dass wir doch einfach herüberkommen und mitmachen sollten. Ich krabbelte die paar Meter zu dem anderen Paar auf allen vieren und kniete mich dann neben die andere Frau. Gemeinsam verwöhnten wir den Schwanz ihres Partners mit dem Mund. Nacheinander und auch gleichzeitig lutschten wir an seiner Zuckerstange vom Hoden bis zur Spitze, ließen zwischendurch auch einmal die pralle Eichel in unserem Mund verschwinden, um sie nach allen Regeln der Kunst mit unseren spielenden Zungen zu verwöhnen.

Peter hatte sich hinter die Frau gekniet und rammte ihr ohne Vorwarnung seinen Schwanz in die Möse.

»Das geht aber auch zärtlicher«, beschwerte sich die Frau, zeigte dabei aber ihr schönstes, verzeihendes Lächeln.

Mein Mann machte seinen überfallartigen Fickstart umgehend wieder gut, indem er seinen Speer jetzt langsam aus ihr herauszog, mit seiner total eingeschleimten Eichel von ihrer Rosette über den Damm und die gesamte Länge ihrer Spalte bis hin zum Kitzler durchpflügte. Das gefiel ihr schon besser.

Ich wollte jetzt aber auch ficken. Ich setzte mich einfach auf den fremden Mann am Strand und schob mir seine Lanze Zentimeter für Zentimeter in mein triefendes Loch. Besonders geil für mich war, dass mich dabei sowohl der immer wieder in mir versinkende Schwanz des fremden Mannes unter mir als auch die schnelle Zunge seiner Partnerin an meinem Kitzler gleichzeitig zum Höhepunkt trieben.

Dieses geile Gerammel am FKK-Strand forderte schnell seinen Tribut. An eine lange Nummer war deshalb nicht zu denken. In wenigen Minuten bumsten wir uns alle vier zum Höhepunkt. Die Männer schossen ihren heißen Saft in unsere Fotzen, die vor lauter Geilheit fast schon von allein übergelaufen wären.

Nachdem wir uns von unserem Begrüßungsfick etwas erholt hatten, machten wir uns gegenseitig bekannt. Es stellte sich heraus, dass die anderen beiden nur ein paar Straßen von uns entfernt wohnten.

Da lag es doch einfach nahe, dass wir uns für die nächsten Tage wieder an unserem Lieblingsstrand verabredet haben.

Wir machten auch noch weitere Pläne, zum Beispiel zusammen eine Radtour zu unternehmen, uns gegenseitig zum Kaffee einzuladen oder gemeinsam zu grillen – alles Verabredungen, wie sie auch ganz normale Pärchen treffen. Auf unserer Agenda stand aber auch der gemeinsame Besuch eines Swingerclubs. Und die vorher aufgezählten eigentlich eher harmlosen Anlässe könnten ja auch einen geilen Verlauf nehmen.

Auf jeden Fall wollten wir so schnell wie möglich wieder gemeinsam und über Kreuz ficken, weil das heute so schön war. Wir umarmten und küssten uns deshalb ganz herzlich, als wir irgendwann auseinandergingen. Das Programm für die nächsten Wochenenden sah jetzt also besonders rosig aus.

Peter und ich waren von dem Erlebnis am Strand so aufgegeilt, dass wir zu Hause in unserer Hollywoodschaukel schon wieder über einander hergefallen sind. Weil ich dabei dann aber so laut gestöhnt habe, mussten wir diesen Fick im Wohnzimmer auf der Couch fortsetzen. Und abends im Bett ging die Rammelei sogar noch einmal los.

Nimm mich bis zur Erschöpfung

Ich lebe gern als Single, vermisse nichts, und keiner macht mir Vorschriften. Nur beim Sex hatte ich gerade eine Durststrecke, was nicht heißt, dass meine Freundinnen, die verheiratet sind, häufiger Sex haben, also mehr als ein Mal im Monat oder so.

Ich hatte mich aber vor ein paar Wochen von meiner langjährigen Bettbeziehung getrennt, einfach, weil es mir langweilig geworden war - immer dasselbe Ritual, keine Spannung, keine Überraschungen. Da kann man ja gleich heiraten!

Zwischenmenschlich war aber danach eben nicht viel gelaufen, nicht mal One-Night-Stands. Und inzwischen fehlte mir der Sex. Man hat ja als Frau so seine Bedürfnisse. Ich saß buchstäblich auf dem Trockenen, insbesondere unten rum. Ich habe doch meine Möse nicht nur zum Pinkeln und um die Monatsblutung abzuführen.

Das Betrachten irgendwelcher stumpfsinnigen Pornos im Internet und meine stummen Latex-Freunde in der Nachttischschublade machten mir irgendwie auch keinen richtigen Spaß, obwohl sie mich geradliniger zum Höhepunkt trieben als mancher Mann.

Ich wollte mal wieder jemand aus Fleisch und Blut kennenlernen und schön gefickt werden. Ich würde mich bei dem gegenseitigen Austausch von Zärtlichkeiten und Körperflüssigkeiten ja auch nicht lumpen lassen. Aber wie anstellen? In Kneipen und Bars am Tresen zu sitzen und zu warten, bis man angesprochen wird - zu zeitaufwendig und leider auch nur wenig Erfolg versprechend. Wahrscheinlich würde ich da Weihnachten immer noch sitzen (jetzt haben wir Juni!). Ein Inserat in einer Zeitung, einem Anzeigenblatt oder in einer richtigen Sex-Postille aufgeben, St. Pauli Illustrierte oder so, hatte ich schließlich auch verworfen.

Wir leben doch heute und jetzt, also im Zeitalter des Internets. Ich will mich zwar nicht alle paar Minuten in einen anderen Typen bei Parship verlieben, aber einen guten Stecher müsste man doch auf den entsprechenden Portalen finden können, dachte ich zumindest.

Gesagt, getan! »Finde Fickpartner in deiner Nähe« hörte sich doch schon einmal sehr vielversprechend an, zumindest redeten die nicht um den heißen Brei, das mag ich. Oder »Diskrete Treffen 2017«, oder »Schneller Spaß gesucht?« und »Sexpartner-Suche leicht gemacht«.

Ich habe mich spontan für das Portal »Finde Fickpartner in deiner Nähe« entschieden, denn ein Typ in der Nähe ist natürlich viel besser als einer am anderen Ende der Republik - auch für einen Fick zwischendurch.

Ich habe mich gleich in dem Portal angemeldet, meinen Namen geändert und auch bei den anderen Daten etwas geschönt: 32 statt 38 Jahre, 66 statt 72 kg, und so weiter. Und wenn ich ehrlich bin, habe ich zwar kein Jugendbildnis hochgeladen, aber doch eben eins, auf dem ich noch rund sieben Jahre jünger war.

Ich brauchte auch nicht lange zu warten. Schon am nächsten

Tag hatte ich einen Treffer. Ein 40-Jähriger interessierte sich für mich und wohnte ganz in der Nähe. Mit dem Stadtbus benötigte ich nur fünf Stationen.

Für den nächsten Tag haben wir bereits telefonisch ein erstes Treffen vereinbart; ich hatte es ja auch nötig. Ich sollte gegen achtzehn Uhr bei ihm sein. Mir gefiel diese unkomplizierte Art, und zwar sowohl des fast anonymen Kennenlernens über das Datingportal, als auch die offensichtlich sehr gesunde Einstellung meines neuen Fickpartners.

Jetzt musste ich mir nur noch überlegen, wie ich zu diesem ersten Treffen gehen wollte. Aufgebrezelt wie zu einem Rendezvous oder nur in meiner geilen Wäsche, natürlich vor der Öffentlichkeit durch einen langen Mantel verborgen?

Ich nahm erst einmal ein heißes Ölbad, um eine schöne weiche Haut zu bekommen, und rasierte mir die Beine und natürlich die Möse noch einmal richtig glatt. Bein Einseifen wollte ein Finger – wie gewöhnlich – gleich in meine Spalte flutschen. Nein, habe ich da zu mir gesagt, da kommt heute hoffentlich noch ein anderer strammer Besuch rein. Als der Mittelfinger meiner rechten Hand dann zielstrebig zu meiner Rosette weiterwanderte und in mein Poloch eindrang, habe ich das jedoch akzeptiert – Sauberkeit muss sein!

Dann machte ich im Schlafzimmer Modenschau. Das kleine Schwarze schied schon einmal aus. Sofort wieder verworfen habe ich auch ein Businesskostüm, ich wollte ja nicht zu einem Vorstellungsgespräch, sondern zu einem Fickdate.

Also blieb wohl doch nur die Präsentation meiner hübschen Dessous übrig. Ich probierte zuerst einen weißen Spitzen-BH mit passendem String, Strapsgürtel und weißen Netzstrümpfen - nee! Ich hatte dasselbe Arrangement noch in dunkelrot, nachtblau und schwarz – alles aber nicht optimal. Jetzt probierte ich noch ein flaschengrünes Mieder – kam auch nicht infrage.

Nun war ich mir sicher, dass ich die Hauptperson sein wollte und nicht meine Wäsche, auch wenn viele Männer die Damenwelt in Dessous noch so geil finden.

So machte ich mich denn am nächsten Tag auf den Weg - also vollkommen nackt unter schon besagtem Mantel! Natürlich war ich nicht barfuß losgelaufen und in den Bus eingestiegen, sondern trug ein Paar schwarzer High Heels - etwas Verruchtheit musste schon sein!

Eine Gruppe hochpubertierender Jugendlicher bekam im Bus mit, wie mein Mantel etwas hochrutschte und mehr offenlegte, als sie sonst zu sehen bekamen. Sie fingen gleich an zu tuscheln. Da habe ich sie kurzerhand richtig geschockt, den Mantel kurz geschürzt und meine Beine weit gespreizt, sodass sie einen schönen Blick auf das Paradies erhaschen konnten. An der nächsten Haltestelle musste ich ohnehin aussteigen.

Klaus, so hatte sich meine neue Fickbekanntschaft am Telefon vorgestellt, wohnte in einem wohl kürzlich sanierten Mehrfamilienhaus in der zweiten Etage. Die Haustür stand offen, sodass ich erst oben an seiner Wohnungstür klingeln musste.

Er erwartete mich, denn natürlich war ich pünktlich. Sofort nach dem ersten Läuten flog die Tür auf, und ein Mann im Bademantel öffnete mir. Sinnigerweise ließ er den Bademantel bei meinem Anblick gleich zu Boden sinken, denn auch ich hatte meinen Mantel schon im Flur aufgeknöpft und präsentierte ihm meine Schokoladenseite - einfach zum Anbeißen, fand ich.

»Hallo, Jolie! Da kannst du ja gleich mit meinem kleinen Freund Bekanntschaft machen«, sagte Klaus, ohne auch nur irgendwie verlegen zu wirken. Er ließ mich erst einmal eintreten und schloss die Wohnungstür hinter mir. Wir wollten doch nicht schon im Hausflur loslegen, oder vielleicht doch?

Dann nahm ich seinen kleinen Freund freudig in die Hand und in den Mund, denn so klein war der gar nicht. Klaus hatte einen prima Schwanz, der sich - als er die erste Bekanntschaft mit meiner Zunge gemacht hatte - umgehend zur vollen Größe entfaltete und stand wie eine Eins. Sein Pimmel hatte eine Länge von etwa achtzehn Zentimetern und einen Durchmesser von sicherlich mehr als fünf Zentimetern. Klein und dick - Frauenglück, fiel mir dazu passenderweise ein.

Wir gingen weiter in seine Küche, wo ich mich rückwärts auf den Esstisch legen musste, damit Klaus zwischen meinen geöffneten Schenkeln die Lage peilen und bei Wohlgefallen mit seinem Verwöhnprogramm beginnen konnte.

Zuerst strich er mit beiden Zeigefingern links und rechts an meiner frisch rasierten Pflaume vorbei, machte kurz vor meinem Poloch halt und streichelte sich gekonnt wieder zurück.

Dann griff er mit jeder Hand nach einer Schamlippe und zwirbelte sie leicht, bevor er sie auseinanderzog und mein Innenleben freilegte. An meinem Kitzler fand er besonderen Gefallen. Sofort schnellte seine Zunge heraus und leckte meine Perle. Parallel dazu drang er mit zwei Fingern in meine feuchte Spalte ein und begutachtete die Beschaffenheit der Innenwände meiner Möse, die das sehr angenehm fand. Wäre ich eine Katze, hätte ich jetzt zu schnurren angefangen.

Der Klaus war mir wirklich sehr sympathisch! Ich ließ mich sprichwörtlich fallen und legte jede Scham oder Verklemmtheit ab, wurde in seinen Händen ganz weich - bereit für unseren ersten Fick.

Und der ließ auch nicht lange auf sich warten. Bei dem intensiven Verwöhnprogramm auf dem Küchentisch dauerte es nicht lange, bis ich meinen ersten Orgasmus bekam, was Klaus veranlasste, mich noch schneller zu lecken und seine Zunge tief in mein Loch zu schieben, sodass ich gleich darauf noch einmal kam.

Das war für ihn das Signal, seinen strammen Schwanz zum Einsatz zu bringen. Er pflügte erst mit seiner Eichel durch meine Schamlippen, küsste quasi mit seiner Schwanzspitze meinen Kitzler und drang dann Zentimeter für Zentimeter in mich ein.

Ich stehe auf Männer mit schönen, dicken Schwänzen. Die Länge ist nämlich nicht so entscheidend. Am Eingang der Gebärmutter ist sowieso Schluss, und die restliche Länge mancher Riesenpimmel muss dabei eh draußen bleiben. Aber diese dicken Lümmel, die füllen mich schön aus, die bügeln quasi all die kleinen Fältchen meines Innenlebens glatt und lassen mich die Fickerei ganz intensiv spüren.

Und Klaus fickte wunderbar! Er variierte das Tempo, änderte den Anstellwinkel, um meinen G-Punkt besser zu erreichen, und zog seinen Schwanz zwischendurch auch mal heraus, um wieder intensiv mit der Zunge an meinem Kitzler zu trillern. Und dazu hat er meine Brüste ständig gestreichelt und durchgeknetet und meine Nippel gezwirbelt.

Ich war bei dieser sehr ordentlichen Fickerei mehrmals gekommen, als ich bemerkte, wie sich auch Klaus' Körper kurz versteifte und er mir dann seinen heißen Saft mit Wucht in die Möse spritzte.

Er ließ seinen Schwanz noch ein paar Minuten in mir, ließ auch sein Verwöhnprogramm an meinem Busen nur langsam abklingen und zog erst dann den etwas geschrumpften Schwanz wieder aus mir heraus. Die ganze Suppe lief mir an den Beinen herunter und tropfte auf den Küchenfußboden.

Weil wir bei unserer Rammelei auf dem Küchentisch ordentlich ins Schwitzen gekommen waren, gingen wir gemeinsam unter die Dusche.

Klaus hatte eine große Walk-in-Dusche, wo er mir gleich nach dem Einseifen seinen zu alter Größe erstarkten Schwanz stumpf von hinten in meine Möse schob. Ich war begeistert! Das nenne ich doch mal ein erfrischendes Wellnessprogramm!

Nach dem Duschen haben wir unsere Aktivitäten dann in sein Schlafzimmer verlagert. Ich hatte jetzt nur einen Wunsch: Hoffentlich fickt er mich heute noch wund – genau das brauchte ich jetzt.

Geil im Wäschekeller

Mein Mann und ich haben eine schöne Vier-Zimmer-Wohnung in der zweiten Etage eines Mehrfamilienhauses in der Nähe der Düsseldorfer Altstadt. Bei fünf Geschossen und über zwanzig Wohnungen lebt man hier ziemlich anonym. Wir kennen unsere direkten Nachbarn kaum, erst recht nicht die Bewohner der anderen Etagen. Man grüßt sich manchmal im Fahrstuhl und auf den Fluren, aber mehr nicht.

Ich weiß aber, dass zwei Etagen über uns ein Mann wohnt, der hinter vorgehaltener Hand nur »Ronald Langschwanz« genannt wird. An ihm ist eigentlich nichts Auffälliges. Okay, er ist relativ groß, an die ein Meter neunzig, breitschultrig und hat eine sonore Stimme, wenn er einen grüßt. Und natürlich ist mir inzwischen aufgefallen, dass viele Frauen, die teilweise gar nicht in unserem Haus wohnen, auf den Fluren entlang schleichen und nach seiner Wohnungstür Ausschau halten. So etwas bekommt man als Frau einfach mit, auch wenn man sich um den Tratsch im Haus nicht kümmert.

Da ich glücklich verheiratet bin, was man nach zwölf Ehejahren auch immer darunter versteht, interessierte mich der Mann aber nicht weiter. Über die Bedeutung seines Spitznamens hatte ich mir - ehrlich gesagt - bisher kaum Gedanken gemacht.

Jetzt war ich eines Tages im Wäschekeller damit beschäftigt, eine der Waschmaschinen zu befüllen. Ich hing also mehr oder weniger über meinem Wäschekorb und lud Feinwäsche in die Maschine: meine Slips und BHs, Nachtwäsche und was dazugehört.

»Da sind aber wirklich ein paar geile Teile darunter«, hörte ich plötzlich hinter mir einen tiefen Bass. Ronald Schmitz aus dem vierten Stock, den alle »Langschwanz« nennen, stand dort am Türpfosten. Ich schaute ihn von unten nach oben an und blieb mit meinem Blick unwillkürlich an der großen Ausbeulung seiner Hose hängen. Ich bekam fast Angst, der Reißverschluss könnte reißen oder, noch schlimmer, ein Knopf abspringen und mich erschießen.

»Da schaut ihr alle gern hin, nicht wahr?«, sagte »Langschwanz«, der schnell hinter mich getreten war. Jetzt konnte ich sein großes Gemächt durch die Kleidung an meinem Hintern fühlen. Er hatte sich einfach über mich gebeugt, denn ich stand ja immer noch über meinen Wäschekorb gebückt.

»Wollen wir beide damit jetzt ordentlich Spaß haben?«, fragte er mich. Mir fuhren Schauern durch die Glieder. Ich konnte kaum richtig denken. Ich war wie in Trance.

»Ja«, stammelte ich nur und fragte mich gleich, wo ich denn so viel Mut hergenommen hatte. Doch mit seiner sonoren Stimme war Ronald ein echter Womanizer. Er hatte ja auch nichts von Liebe, Beziehung oder Zweisamkeit gefaselt, mich nur zu einem guten Fick eingeladen.

»Aber nicht hier unten«, sagte ich schnell.

»Komm, lass uns in meine Wohnung gehen.«

Damit erhob ich mich. Meine nur halb beladene Waschmaschine interessierte mich nicht mehr. Ich wollte nur noch in den Armen dieses starken Mannes versinken.

Wir nahmen den Aufzug, und zum Glück kam uns keiner in die Quere. Und zum Glück war mein Mann noch zwei Stunden auf der Arbeit.

Ronald machte keine Umstände, sondern führte mich gleich in sein Schlafzimmer, das von einem großen runden Bett dominiert wurde, mindestens zwei Meter dreißig im

Durchmesser. Er half mir beim Ausziehen, öffnete mir die hinteren Verschlüsse und streifte mir die Oberteile über den Kopf. Ich trug jetzt nur noch einen nachtblauen BH mit passendem Slip - beides in etwa so elegant wie die Teile, mit denen ich vorhin die Maschine beladen wollte.

»Setz dich aufs Bett und zieh dich ganz aus«, sagte Ronald jetzt in einem schönen, weichen Klang. Er zog sich dann zuerst sein Poloshirt aus und ließ die Jeans nach unten plumpsen.

»Mein Gott!«, entfuhr es mir, als ich sah, was seine Unterhose im Zaum zu halten hatte. Und als er die abstreifte, baumelte dort zwischen seinen Beinen ein Mordsgerät, mindestens dreiundzwanzig Zentimeter lang und sicherlich über fünf Zentimeter dick - im schlaffen Zustand, wohlgemerkt! Mir wurde von dem Anblick fast schwindelig.

Doch Ronald kam jetzt zu mir aufs Bett und platzierte sein Gemächt bewusst in die Nähe meiner Hände. Es brauchte auch keiner Aufforderung. Mit beiden Händen umfasste ich seinen Riesenschwanz und strich vorsichtig von der Wurzel bis zu seiner gewaltigen Eichel, die offensichtlich bereits voll durchblutet war und einen dunkelroten Ton angenommen hatte.

Ich begann - ebenfalls unaufgefordert - seinen Schwanz zu wichsen, was Ronald sehr gut gefiel, denn er gab kurze Grunzlaute von sich. Also wurde ich noch forscher und leckte seinen Schwanz in voller Länge mit meiner Zunge ab, bevor ich meinen Mund weit öffnete und die Spitze langsam hineingleiten ließ. Doch bevor ich auch nur zu irgendwelchen Blasbewegungen ansetzen konnte, stieß der Riesenpimmel bereits hinten im Hals gegen mein Zäpfchen, und ich musste leicht schlucken. So ging das also nicht. Ronald lachte.

Immerhin hatte ich erreicht, dass sich sein Gerät jetzt zu voller Länge entfaltet hatte, also fast dreißig Zentimeter. Etwas dicker war er auch noch geworden und hatte an den Seiten dicke blaue Äderchen. *Den bekommst du nie in deine Möse,* dachte ich mir. *Der Pimmel wird dich zerreißen! Wenn dieses Riesending in deine Spalte geht, dann kann mein Mann seinen immerhin rund sechzehn Zentimeter langen Schwanz voll bis zum Anschlag reinstoßen und seinen Sack mit den Eiern noch dazu.*

Ronald streckte sich etwas, um an sein Nachtschränkchen zu gelangen. Von dort holte er eine Dose mit Vaseline. Ich war also nicht die Einzige, die dieser Vorsorge bedurfte. *Männer mit langen Schwänzen haben eben Erfahrung,* dachte ich mir noch. Da hatte er seinen Riesenschwanz schon von vorn bis hinten mit Vaseline eingecremt, sodass er wie eine Speckschwarte glänzte. Und auch meine Möse bekam noch einen Klecks Vaseline ab. Ronald schob zwei Finger vorsichtig in meine Spalte und verteilte die Creme auch innen.

Kurz musste ich an einen Zahnarztbesuch denken. Wenn man da zwanzig Minuten den Mund aufreißen muss, hilft es ja auch, wenn man die Mundwinkel vorher mit etwas Fettcreme eingeschmiert hat.

Bloß nicht länger daran denken! Denn jetzt brachte er seine Lanze vor meiner Möse in Stellung. Mit seiner Penisspitze fuhr er streichelnd von oben nach unten durch meine Spalte. Ich war inzwischen so geil, dass es vielleicht auch ohne Vaseline gegangen wäre.

Nun bohrte er seine Schwanzspitze endlich vorsichtig in mich hinein. Zentimeter um Zentimeter wurde meine Möse von dem Riesenschwanz geweitet. Ohne Schmerzen ging das nicht. Ich dachte, der reißt mir mit seinem Mordsgerät die Vagina gleich bis zum Damm auf! Nachdem seine Eichel vollkommen in mir verschwunden war und sich meine Schamlippen um seine Schwanzfurche gelegt hatten, machte Ronald eine kurze Pause. Er wollte mir wohl Zeit geben, dieses gewaltige Ereignis zu verdauen.

Doch jetzt drängte ich ihn, endlich weiterzumachen und

seinen Riesenschwanz ganz in mir zu versenken. Ich war so geil! Ich hob mein Becken noch etwas an, um ihm einen besseren Anstellwinkel zu ermöglichen. Und ganz langsam bohrte sich das Riesending weiter in mich hinein, jetzt – auch von der Vaseline begünstigt - ohne große Schmerzen.

Doch mit einem Mal war dann Schluss. Ronalds Langschwanz war hinten an meinen Muttermund gestoßen, was deutlich schmerzte. An der Gebärmutter ging es einfach nicht weiter. Dabei warteten draußen noch knapp zehn Zentimeter, um mich zu füllen!

Für Ronald war solch eine Situation sicher normal. Er setzte stattdessen mit rhythmischen Pumpbewegungen an. Immer wieder holte er sein gewaltiges Ding fast aus mir heraus, um es im nächsten Moment wieder zu versenken. Ich schwamm in meinen eigenen Säften. Während meine Vagina - wie bei jeder Frau - normalerweise aus einem sehr dehnbaren Gewebe ist und viele Fältchen den Lustkanal zusätzlich einengen, wurde ich jetzt durch Ronalds Riesenschwanz vollkommen glattgebügelt und prall ausgefüllt - wie ein stramm aufgeblasener Luftballon!

Ein Mann wie Ronald musste sich auch nicht besonders anstrengen, um mit seinem Penis meinen G-Punkt zu erwischen, nein, Ronalds Schwanz schrammte bei jedem Rein und Raus kräftig an dieser empfindlichsten Stelle in meinem Innersten vorbei, sodass mir Hören und Sehen verging. Ich wusste bisher gar nicht, dass ich so viele empfindliche Nerven in meiner Möse habe. Ich meinte, die Position von jedem Zentimeter seines Riesenschwanzes jederzeit aufgrund meiner Gefühlswallungen orten zu können - einfach fantastisch!

Natürlich konnte das nicht lange gut gehen. Ich fiel von einem Orgasmus in den nächsten, und auch Ronald hatte jetzt Mühe, sich zurückzuhalten. Zu eng umschloss meine Möse sein Prachtexemplar und quetschte es ein wie ein Schraubstock.

So kam es dann auch. Unvermittelt bäumte sich Ronald über mir auf, stieß seine Lanze noch einmal tief in mich rein und pumpte mich dann dermaßen mit seinem Saft voll, dass die Soße gleich nach dem Herausziehen nur so aus mir herauslief. Auf dem Bettlaken bildete sich ein nasser Fleck von fast einem Meter Durchmesser.

Und als ich zufällig in den großen Spiegel am Schlafzimmerschrank blickte, bekam ich einen riesigen Schreck. Oh Gott! Meine Möse stand immer noch sperrangelweit auf! Als ich später aufstehen wollte, knickten mir die Beine weg. Ich musste mich schnell wieder aufs Bett fallen lassen, um nicht in voller Länge auf den Boden zu schlagen.

Ich sagte Ronald noch, dass das ein supergeiles Erlebnis für mich gewesen sei, was er nur mit einem Kopfnicken quittierte. Ich sagte auch, dass das ein einmaliges Erlebnis bleiben sollte und er mich nicht in Verlegenheit bringen dürfe, wenn wir uns zufällig über den Weg laufen würden. Natürlich erst recht nicht, wenn mein Mann dabei wäre.

Oh Gott, mein Mann!, dachte ich da plötzlich. *Was hast du hier getan? Wird er dir diesen Seitensprung gleich ansehen?* Ich beschloss, schnell in unsere Wohnung zu gehen und erst mal lange zu duschen.

Die nächsten Tage würde ich auf jeden Fall nicht mit meinem Mann schlafen, erst wieder, wenn sich meine Scheide regeneriert und für die wohlige Aufnahme seines kleineren Penis zurückgebildet haben würde.

Tatsächlich haben wir Ronald ein paar Tage später im Flur getroffen. Wir kamen vom Wocheneinkauf im Supermarkt und waren voll bepackt mit Tüten und Körben. »Kann ich Ihnen irgendwie helfen?«, fragte uns Ronald mit seiner sonoren Stimme.

»Nee, das schaffen wir schon allein«, sagte mein Mann

kurz angebunden. Und danach, als unser Mitbewohner außer Hörweite war, raunte er mir zu: »Der hat dich aber komisch angesehen!«

Darauf ich: »Der war doch nur freundlich, du hättest auch ruhig netter zu ihm sein können.«

Dann wollte mein Mann noch sein Wissen loswerden: »Der wird hier im Haus hinter vorgehaltener Hand ›Ronald Langschwanz‹ genannt.«

Und ich: »Du Ferkel, so etwas will ich nicht hören!« Ich musste heimlich grinsen und beschloss, meinen Mann heute Abend mal wieder ranzulassen, denn ich konnte wieder einmal einen guten Fick gebrauchen. Mal sehen, was mein Mann noch so draufhat. Natürlich durfte ich ihn nicht mit Ronald vergleichen, das verbot sich ja von vornherein. *»… vielleicht ja auch von hinten rein …«*, hatte ich schon wieder den Schalk im Nacken.

Nackt in der Umkleidekabine

Wir drei waren eine ziemlich verfickte Mädchenclique, damals auf der Penne. Kein Junge war vor uns sicher, denn wir sammelten One-Night-Stands wie andere Bierdeckel. Gunda hatte am Schluss über fünfzig Fickpartner notiert und führte in unserer Wertung.

Dann wurden wir in alle Winde verstreut und studierten an drei verschiedenen Unis. Umso schöner war es, wenn wir uns mal wieder in unserer Heimatstadt treffen konnten. Und auch jetzt, Anfang dreißig, waren wir noch immer für jeden Blödsinn zu haben.

Carla berichtete, dass in unserem großen Kaufhaus jetzt ein Farbiger im Umkleidebereich arbeiten und die Klamotten nach der Anprobe neu zusammenlegen würde. Er sei ein ausnehmend hübscher Bengel, versicherte sie.

Na, dann mal hin und schauen, was geht.

Zu dritt schlugen wir nachmittags in dem Geschäft auf und gingen schnurstracks bis zur Anprobe durch. Doch da stand jetzt gar kein Neger, sondern Petra Meier, unsere ehemalige Schulfreundin.

»Hallo, Petra, was machst du denn hier?«, platzte es deshalb aus mir heraus. »Ich dachte, hier würde jetzt ein Farbiger arbeiten…«

»Du meinst wohl Akono. Der macht gerade Kaffeepause, muss aber gleich wieder da sein. Ich vertrete ihn solange.«

Gertrud, Gunda und ich machten also erst wieder einmal kehrt und suchten uns in den Regalen und auf den Kleiderständern ein paar Klamotten aus, die wir nachher anprobieren wollten. Ich fand eine hübsche Bluse, eine beige Chinohose und einen interessant gemusterten Sommerpullover. Auch meine beiden Freundinnen wurden schnell fündig, und so machten wir uns wieder zur Anprobe auf.

Und tatsächlich, der Typ sah aus wie Jim Knopf, natürlich ein paar Jahre älter. Ein kerniger Typ mit einer super Figur, mindestens einen Meter achtzig groß. Und einen Knackarsch hatte der!

Ich war gleich hin und weg, ging dann aber doch mit meinen Klamotten in eine der Kabinen.

»Maximal drei Stück«, rief Akono uns hinterher, doch so viel hatte keine dabei.

Ich probierte die Bluse, knöpfte sie ganz bewusst aber nur halb zu und kam aus meiner Kabine, um mich meinen Freundinnen zu präsentieren. Natürlich war mein hübscher schwarzer BH so deutlich zu sehen, und auch, dass der von Mutter Natur gut gefüllt war.

Auch Gertrud und Gunda kamen aus ihren Kabinen und drehten sich mit mir auf dem Gang vor einer Kabine, um gemeinsam in den großen Spiegel zu schauen. Hier und da wurde an den neuen Klamotten gezupft und die anderen gaben ihre Kommentare dazu ab.

Aber irgendwie war das Ganze ziemlich fade. Wir beschlossen, dem Typen jetzt mal richtig was zu bieten. Also schmissen wir die anprobierten Klamotten auf seinen Grabbeltisch und steuerten die Wäscheabteilung an. Frauen können sich ja so sehr für BHs und Slips begeistern. Hier ein Spitzeneinsatz, dort ein Abnäher und manchmal sogar etwas transparentes Gewebe. Und vor allem: je knapper, desto besser!

Also schnappte ich mir einen String, eine Sünde von einem Nichts, einen schwarzen Tangaslip und eine Panty, alles supergeile Teile, und marschierte wieder in Richtung Umkleide.

»Maximal drei Stück«, rief Akono wieder.

Ich zeigte ihm meine drei Slips in aller Ruhe und dachte, dass er dabei nervös werden würde – Fehlanzeige.

»Hübsch«, sagte er nur.

Na, dann mal anprobieren. Ich probierte sie alle übereinander an, erst den String, darüber den Tanga und dann noch die Panty. So trat ich aus meiner Kabine. Im Flur tänzelten bereits Gunda und Gertrud und präsentierten sich - und natürlich in erster Linie Akono – ihre neuen BHs, als ich mit meiner scharfen Slip-Sammlung dazu trat.

»Lass mal die Dinger darunter sehen!«, sagte Gertrud.

Ich rollte die Panty etwas nach unten, sodass man jetzt auch den Tanga begutachten konnte. Das reichte meinen Freundinnen aber nicht.

»Los, ausziehen!«, hieß es unisono.

Also zog ich die Panty jetzt ganz aus und danach auch den Tanga. Unten rum fast nackt, drehte ich mich vor den anderen im Flur vor den Kabinen und bückte mich nach allen Seiten, um die gute Passform zu demonstrieren.

Irgendwie hatte ich das Gefühl, dass Akono hauptsächlich für mich Augen hatte, was es nun zu beweisen galt. Ich schickte meine Freundinnen mit ihren neuen BHs zur Kasse und verschwand wieder in meiner Umkleidekabine.

Dort machte ich mich schnell ganz nackig, also auch oben rum und schob die Kordel des Strings in meine Muschi, sodass der Rest des Minislips wehend herunterhing. Die beiden anderen Wäscheteile klemmte ich in meine Poritze ein.

So präpariert begann ich, etwas zu stöhnen, und murmelte immer wieder: »Maximal drei Stück.«

Es dauerte auch nicht lange, da steckte Akono seinen Kopf frech in meine Kabine. Die Frage »Kann ich helfen?« erstarb fast auf seinen Lippen, denn schnell hatte ich ihn zu mir hereingezogen und drückte meinen nackten Körper gegen seinen strammen Body. Augenblicklich tat sich etwas bei ihm in der Hose. Ich konnte dort eine geradezu unglaubliche Wölbung fühlen, die fast bis zu seinen Knien reichte.

Das musste ich mir natürlich näher ansehen. Ich machte geschickt seine Hose auf und zog ihm die Boxershorts herunter. Plopp, da stand sein Prügel waagerecht in der Kabine – mindestens fünfundzwanzig Zentimeter lang, tiefschwarz und auch schön dick.

Ich ging umgehend in die Knie, küsste und nuckelte an seinem wunderschönen Schwanz, der jetzt ganz hart und mit vielen Äderchen durchzogen war – ein Prachtstück!

Ich zog die beiden Slips aus meiner Poritze und erst recht den String aus meiner Möse und baute mich für ihn schön auf. Ich stützte mich mit den Händen an dem kleinen Hocker ab, spreizte die Beine etwas und griff einfach wieder nach seinem langen Rüssel.

Doch Akono wusste genau, was er zu tun hatte. Zielsicher fuhr er mir mit seiner riesigen Eichel einmal längs durch den Schritt und benetzte meinen Unterleib mit seinen eifrig produzierten Lusttropfen. Dann öffnete er mit einer Hand meine äußeren Schamlippen und dirigierte mit der anderen seinen Schwanz in das gelobte Land.

Uff, dachte ich, *doch ganz schön dick!* Doch mit zunehmender Feuchtigkeit und dank der enormen Anpassungsfähigkeit der weiblichen Genitalien flutschte das große Ding immer besser rein und raus.

Akono hatte schnell einen auch für mich befriedigenden Rhythmus gefunden. Neben schnellen Stößen verwöhnte er mich auch mit einem ganz langsamen und sehr zärtlichen Eindringen in meinen Lustkanal.

Doch allein von der Dimension seines Schwanzes schwanden mir fast die Sinne, als sich mit Hitzewellen und Zittern am ganzen Leib ein Riesenorgasmus ankündigte. Ich stöhnte und gab einige spitze Schreie von mir, während Akono mich vollpumpte.

Ich muss wohl doch etwas zu laut geworden sein, denn plötzlich wurde der Vorhang der Umkleidekabine schnell zurückgezogen und Gertrud und Gunda steckten ihre hochroten Köpfe zu uns herein. Sie erröteten noch stärker als sie sahen, welch ein bemerkenswertes Gerät er aus mir herausgezogen hatte, von dem es jetzt auf den Fußboden tropfte.

Ich hatte gerade während seiner letzten heftigen Stöße einen tollen Tagtraum. Ich träumte, Akono wäre einer meiner Kommilitonen an der Freiburger Uni.

Jetzt aber mussten wir alle erst einmal herzhaft lachen. Auch Gunda und Gertraud umarmten und herzten jetzt meinen schwarzen Stecher und begutachteten weiterhin ehrfürchtig seinen Riesenpimmel.

In dem Moment war mir spätestens klar, dass ich den knackigen Typen wohl mit ihnen teilen musste.

Das Glory Hole im eigenen Haus

Kürzlich haben meine Frau Verena und ich nach langer Zeit bei einem Stadtbummel Steffi und Werner wiedergetroffen. Die Begrüßung war denn auch überaus herzlich: »Hallo, Verena, hallo, Maik! Wo habt ihr nur die ganze Zeit gesteckt?« Herziges Umarmen, Küsschen auf die Wange und so weiter.

Kurz und gut, wir haben uns ihnen gleich angeschlossen, um ihr neues Haus anzuschauen und unser Wiedersehen gebührend zu feiern. Steffi und Werner hatten jetzt einen Neubau in einem Vorort, ein Fertighaus aus dem Katalog, was man dem Haus von außen aber nicht gleich ansah.

Als wir eintraten, empfanden wir es hier drinnen fast schon unangenehm warm. »Wir haben eine Luftheizung und müssen uns an die moderne Technik erst noch rantasten«, erklärte uns Werner. Wir hatten ohnehin unsere Straßengarderobe abgelegt. Steffi verabschiedete sich jetzt mit den Worten: »Ich werde mir denn mal was Bequemeres anziehen.«

Als sie wiederkam, staunte ich Bauklötze. Sie hatte knallenge Leggins und einen Ringelpulli angezogen, der ihren starken Busen mehr als betonte. An ihren Leggins konnte ich mich gar nicht sattsehen; detailgetreu modellierte der dünne Stoff ein Abbild ihrer Pflaume, selbst ihren Kitzler glaubte ich zu erkennen.

In der wohnlichen Küche tranken wir zuerst einen Kaffee, dann kamen Sektgläser auf den Tisch. Verena und ich pochten jetzt auf die versprochene Hausführung, die sich vollkommen geil gestaltete. Zum einen musste ich, wenn ich hinter Steffi lief, immer auf ihre strammen Arschbacken gucken, und wenn ich sie von vorn sah …

Aber auch so herrschte zwischen uns eine deutlich erotische Stimmung. Ständig hielten Verena und Steffi Händchen und im Vorbeigehen streifte sie mich mit dem Arm an der Schulter oder mit einer Hand am Po.

Die Hausbegehung endete im Schlafzimmer - wo auch sonst? Den meisten Platz nahm ein riesiges Bett ein, über dem ein riesiges auf Karton aufgezogenes Urlaubsfoto hing, Steffi und Werner von hinten, nackt am Strand.

»Ein schöner Arsch – leider schon gespalten!«, witzelte Steffi über ihren knackigen Allerwertesten.

»Und jetzt seht ihr unser Allerheiligstes«, machte es Werner besonders spannend. Er öffnete die Schiebetür zu einem Nachbarzimmer. Sofort flammte dort gedämpftes, leicht rötlich schimmerndes Licht auf, für mich eine Art Puffbeleuchtung.

In der Mitte des Zimmers stand eine mit Kunstleder bespannte Massagebank, an der mir zahlreiche Schnallen ins Auge stachen. Außerdem gab es eine gläserne Vitrine, deren Inhalt es in sich hatte: Vibratoren in mehreren Größen, Formen und Farben, darunter auch ein extrem langes Teil mit zwei Enden für zwei Frauen gleichzeitig, Penisringe, Liebeskugeln, Gleitcreme und Massagegels sowie jede Menge scharfer Dessous für Sie und Ihn.

An der Wand zum Schlafzimmer hing neben der Schiebetür ein großes Poster, das auch auf Karton aufgezogen war. Es zeigte ein kopulierendes Paar in insgesamt zwölf Stellungen.

»Das seid ja ihr!«, rief ich fasziniert aus.

»Ja, dafür haben wir fast einen halben Sonntag in einem Fotostudio verbracht, das einer Freundin von Steffi gehört. Wir haben uns auch sehr spritzig bei ihr bedankt, quasi unser Trinkgeld«, berichtete Werner nicht ohne Stolz.

Verena war total begeistert. »Maik, so etwas müssen wir unbedingt auch haben!« Damit meinte sie natürlich sowohl das Poster mit den Stellungen als auch den geheimen Raum hinter dem Schlafzimmer.

»Und jetzt kommt das Beste«, sagte Werner und nahm das Poster von der Wand. Dahinter kam ein rundes Loch in der Wand zum Vorschein. »Oh, geil! Ein Glory Hole«, rief Verena aus.

»Eigentlich ist uns da beim Umzug ein Stuhlbein in die Wand gekracht«, erklärte Steffi. »Die Innenwände in so einem Fertighaus sind ja nur etwas dicker als Pappe. Werner hat das Loch dann schön rund gemacht und die scharfen Kanten mit Gewebeband abgeklebt. Jetzt kann er da prima seinen Schwanz durchstecken.«

»Das will ich sehen«, sagte Verena. Und schon hatte Werner Hose und Slip runtergezogen und seinen harten Pimmel durch das Loch geschoben. Wir gingen zurück ins Schlafzimmer, wo ich das Loch vorher nicht bemerkt hatte, weil eine Blume davorstand. Jetzt lugte Werners Schwanzspitze durch das Loch ins Schlafzimmer.

»Geil«, sagte Verena wieder.

»Bedien dich!«, forderte Steffi sie auf.

Und das ließ sich meine kleine Verena nicht zweimal sagen. Flugs war sie auf den Knien und hatte Werners Pimmel im Mund.

Das war irgendwie das Signal, dass wir es nun alle miteinander treiben sollten. Steffi ging ebenfalls in die Knie und positionierte sich halb hinter Verena. Sie öffnete den seitlichen Reißverschluss ihres Rockes und schaffte es, Verena dieses Kleidungsstück samt Slip so runterzuziehen, dass sie nur nacheinander ein Bein anheben musste, aber Werners Schwanz dabei im Mund behielt. Mit einer Hand griff Steffi ihr von hinten durch die Beine, um erst mit einem, dann mit zwei Fingern in ihre Möse einzudringen.

Jetzt wollte ich auch mitmachen und entledigte mich schnell meiner Klamotten. Doch als ich mich hinter Steffi platzieren wollte, protestierte Verena recht energisch: »Nein, Maik, erst will ich ihn drin haben!«

Steffi war deswegen nicht böse, zog ihre glitschigen Finger aus Verenas Möse zurück und sagte zu mir: »Es ist angerichtet!«

Darauf rammte ich meinen Schwanz schnurstracks von hinten in Verenas Fickloch, wo vorher Steffis Finger für mich die Vorarbeit geleistet hatten.

Nach ein paar schnellen Stößen hatte Verena schon wieder eine andere Idee: »Jetzt will ich auch mal Werners Pimmel testen.« Hierzu musste sie seinen Schwanz aber erst einmal aus ihrem Mund freilassen.

Ich zog meine Latte also wieder aus Verena raus. Sie drehte sich sofort um und brachte ihren Arsch vor der Schlafzimmerwand in Stellung. Doch Werners Pimmel wollte nicht richtig in sie reinflutschen, nur die halbe Eichel konnte sie in sich reindrücken.

»Warte, ich helfe dir«, sagte Steffi und ging ins Nachbarzimmer.

Dort kniete sie sich hinter ihren Mann, knetete seine Eier und steckte ihm einen Finger in den Arsch. Prompt wuchs sein Lümmel noch mal derartig in die Länge, dass Verena nun mit Werners Schwanz tief in ihrer Möse befriedigt grunzen konnte. Etwas sagen könnte sie nämlich nicht, weil ich die Gunst der Stunde genutzt und ihr meinen Schwanz in den Mund geschoben hatte.

Werner spritzte dann durch die Schlafzimmerwand in Verenas Möse ab, und ich füllte ihr gleichzeitig den Mund. Natürlich konnten wir auf diese Weise nicht auch noch Steffi verwöhnen. Das wollten wir nachher unbedingt nachholen. Jetzt packten wir unsere schlapp gewordenen Schwänze erst einmal wieder ein und gingen in die Küche zurück, um endlich auf das neue Haus anzustoßen.

Welche Freuden wir uns für die Hausherrin Steffi ausgedacht hatten und welche Überraschungen der Vitrinenschrank sonst noch bot, das berichte ich ein anderes Mal.

Auf jeden Fall sind Steffi und auch Verena voll auf ihre Kosten gekommen.

Verena hat immer wieder gesagt: »Maik, so etwas müssen wir auch haben!« Jetzt habe ich ein echtes Problem: Wie soll ich neben unserem Schlafzimmer einen zusätzlichen Raum herzaubern?

(Be-)Dienen ist mein Beruf

Ich bin der Inhaber einer Bar in einem Hamburger Nobelhotel. Den Namen nenne ich hier nicht. Ich habe diese Bar gepachtet und führe sie als eigenständiges Unternehmen.

Ich bin seit über zwanzig Jahren im Geschäft. Ich bin hier im Haus genauso angesehen wie der Hotelchef, wobei der ja nur ein Angestellter der Hotelkette ist.

Viele Hotelgäste nehmen bei mir noch einen Absacker oder verbringen den ganzen Abend in einem der gemütlichen Separees. Hier treffen sich auch oft Politiker, teilweise ganz hochrangige, wenn sie unter sich sein wollen. Diskretion ist mein zweiter Vorname! Das gilt natürlich auch für Pärchen, die sich bei mir treffen, die aber gar nicht zusammengehören, sondern mit ihrem eigenen Vergnügen jeweils auch einen anderen unglücklich machen.

Für Stammgäste habe ich einen Blick. Wenn zum Beispiel ein Handelsvertreter alle paar Monate oder auch nur einmal im Jahr nach Hamburg kommt und im Hotel absteigt, spreche ich ihn mit seinem Namen an - wenn er ihn mir denn vorher verraten hat - und serviere ihm dann automatisch sein Lieblingsgetränk.

Obwohl sich bei mir das meiste Geschäft abends und nachts abspielt - mein Betrieb ist bis zwei Uhr geöffnet - bin ich keine Nachtbar. Hier verkehren keine Bordsteinschwalben. Es gab auch noch nie Ärger mit der Polizei. Auch drogenmäßig ist meine Bar absolut clean - und das mitten in Hamburg!

Für meine Gäste bin ich dennoch so eine Art Partnervermittler. Wenn ich sehe, dass ein Gast - egal ob Mann oder Frau - allein ist und unglücklich dreinschaut und etwas Warmes für die Nacht sucht, dann bin ich gern behilflich. Ich gebe kostenlos Tipps, wer sich in der Bar noch langweilt und wo es günstig sein könnte, eine Aufwartung zu machen. Einen solchen Service lieben insbesondere allein reisende Handelsvertreter. Solche Tipps kann man aber fast in jedem Hotel vom Barkeeper bekommen - vorausgesetzt, dass sich unter den Gästen ein passender Deckel für den Topf findet.

Seit ein paar Wochen kam öfter eine auffallend schöne rothaarige Frau in meine Bar, setzte sich an meine Theke, trank ein oder zwei Cocktails und ging dann wieder. Dass es sich bei ihr, nennen wir sie Bärbel, ihren richtigen Namen verrate ich nicht (Diskretion!) um eine absolut ehrbare Dame handelte, habe ich mit einem Blick bemerkt. Also keine Nutte oder so. Vielleicht war sie ja nur zu Hause einsam und fühlte sich in der internationalen Atmosphäre einer Hotelbar einfach wohler.

Gestern saß Bärbel wieder bei mir an der Theke und hatte zunächst eine Piña colada geordert. Es herrschte wenig Betrieb in meiner Hotelbar. Es war auch schon nach Mitternacht und der große Ansturm längst vorbei.

Ich musterte die Rothaarige einmal etwas intensiver: etwa einen Meter siebzig groß, mit Henna gefärbte halblange, rote Haare, kleiner bis mittelgroßer Busen, schöner Arsch und zu ihrer Figur passende lange Beine, die heute in schwarzen Netzstrümpfen steckten. Nicht unattraktiv!

Bekleidet war sie mit einem lachsroten Lurex-Pulli, unter dem sie entweder keinen BH trug oder nur eine Büstenhebe, denn ihre Nippel drückten sich deutlich durch das dünne Gewebe. Sie hatte einen sehr kurzen, weit fallenden schwarzen Rock an und schwarz-silberne High Heels - supergeil!

Als Bärbel ihren ersten Cocktail fast ausgetrunken hatte, fragte sie mich, ob man hier an der Bar auch seine Bestellung auf einen Zettel oder einen Bierdeckel schreiben dürfe, wenn man ihn nicht aussprechen möchte.

Ich dachte professionell an Sex on the beach, an das Partygetränk Schlüpferstürmer, an Süße Pflaume oder Kröver Nacktarsch - eine Weinsorte, die in den 60er-Jahren in Deutschland sehr beliebt war, und reichte ihr einen kleinen Abreißblock samt Kugelschreiber.

Als ich den Zettel wieder in der Hand hielt, wurde mir heiß und kalt zugleich. »Fick mich in den Arsch - jetzt und hier!« stand da in einer hübschen Handschrift. Solch eine Bestellung war sogar für mich überraschend. Ich sah sie kurz an, doch Bärbel lächelte mich weiterhin nur freundlich an, keine weitere Reaktion.

Nun musste ich die Lage abschätzen: zum Glück nur wenige Gäste in der Bar und außer Bärbel keine Gäste am Tresen. Und ihren Barhocker hatte das rote Luder zufällig oder mit Absicht so ausgewählt, dass er von den anderen Gästen kaum einsehbar war – perfekt!

Ich bückte mich jetzt vor meinem Tresen, als ob ich etwas aufsammeln wollte. Ich hob aber nur Bärbels Rock etwas an, um mich zu orientieren, was sie darunter trug: einen schwarzen Strapsgürtel, an dem sie ihre Strümpfe befestigt hatte, und einen Slip ouvert, der mir einen schönen Blick auf ihre Möse erlaubte. Sie war teilrasiert, was man hier in Hamburg nur noch selten antrifft. Und ihr rotes Haar war offensichtlich doch naturfarben, denn auch die witzigen gekräuselten Schamhaare, die einen eng begrenzten schmalen Streifen über ihrer Spalte bildeten, hatten eben diesen Farbton.

Schon von meiner Erkundungstour unter ihrem Rock darf

der geneigte Leser schließen, dass ich nicht abgeneigt war, Bärbels Wunsch Wirklichkeit werden zu lassen. (Be-)Dienen ist schließlich mein Beruf!

Ich scannte noch einmal die Gäste meiner Bar. Alle hatten noch ausreichend Getränke vor sich, sodass in den nächsten Minuten keine Neubestellung und auch keine Rechnung zu erwarten war.

Dann öffnete ich den Reißverschluss meiner Hose und kam zu ihr an den Barhocker. Bärbel griff mir sofort in das volle Menschenleben, sprich: Sie fasste mir in den Hosenschlitz und schloss erste Bekanntschaft mit meinem besten Stück, das sich riesig über die neue Bekannte freute und in Sekundenbruchteilen stand wie eine Eins.

Bärbel kletterte jetzt kurz von ihrem Barhocker herunter, öffnete den Gürtel meiner Hose und nahm meinen sich ihr entgegenstreckenden Schwanz in den Mund. Küssen und Saugen hat er besonders gern. Und zusätzlich bearbeitete sie das gute Stück noch sehr geschickt mit ihren zarten Händen.

Dann setzte sie sich wieder auf den Barhocker, rutschte mit ihrem schönen Arsch etwas weiter nach hinten und hob den Rock leicht an. Das war für mich das Zeichen, der Bestellung nachzukommen. Ich trat hinter sie, brachte meinen Riemen in Stellung und führte ihn ganz langsam in ihr Hintertürchen ein. Das ging problemlos. *Hatte sie unbemerkt ein Pfund Vaseline in ihren Anus geschmiert oder war diese Frau so naturgeil, dass auch ihr Arschloch gleitende Säfte en masse produzierte?*

Egal! Ich fickte meine rothaarige Stammkundin jetzt in meiner eigenen Bar, auf meinem eigenen Barhocker und im Beisein von vielleicht noch zwölf weiteren Gästen, die davon aber zum Glück nichts mitbekamen.

Das rothaarige Luder legte ihre Arme auf dem Tresen ab und beugte sich noch weiter vor, sodass sich mir ihr Arsch in einem noch besseren Anstellwinkel präsentierte. Ich fickte wie ein Berserker, und bald konnten wir beide unser Stöhnen nicht mehr unterdrücken. Zum Glück wurde im Radio gerade ein etwas lauteres Stück gespielt.

Ich merkte, dass ich bald fertig wurde, und meine rothaarige Fickpartnerin arbeitete mit einer Hand an ihrer Möse kräftig mit und scheuerte zusätzlich so fest mit der in der vorderen Öffnung ihres Slips blank liegenden Möse auf dem Lederbezug meines Barhockers herum, dass sie wohl auch gleich kommen musste.

Mit Urgewalt entlud sich dann mein Schwanz in ihrem Arsch, und auch Bärbel wurde von einem starken Orgasmus weggetragen, sodass ich sie festhalten musste, damit sie nicht vom Hocker fiel.

Ich blickte mich schnell um. Offensichtlich hatte keiner der Gäste etwas mitbekommen. Ich zog meinen Schwanz nun restlos aus ihr zurück, wischte ihn mit einer Serviette trocken und packte ihn schnell wieder ein.

»Hat die Dame sonst noch einen Wunsch?«, fragte ich, als ich wieder hinter meinen Tresen zurückgekehrt war.

»Wenn du die Nächte noch mal Zeit für mich hast, dann würde sich auch meine Möse sehr über einen erneuten Besuch deines Prachtschwanzes freuen«, sagte Bärbel nur, rutschte von ihrem glitschigen Barhocker und ging stolz hinaus.

Ich habe Bärbel nie wiedergesehen.

Billard zu dritt

Es war schon kurz vor Mitternacht, als ich meine Stammkneipe betrat. Mir war in meiner Wohnung die Decke auf den Kopf gefallen, und ich wollte hier ein paar Typen kennenlernen, etwas quatschen und vielleicht auch mehr.

Doch am Tresen saßen nur noch drei Kerle, die dem Alkohol offensichtlich bereits reichlich zugesprochen hatten und mich schon von daher genauso wenig interessierten wie mein Goldfisch zu Hause.

Doch da hörte ich Stimmen aus dem Clubzimmer nebenan, in dem der Billardtisch stand. Ich öffnete die Verbindungstür und traf auf zwei junge Männer, die in ihr Spiel vertieft waren. »Na, Jungs!«, sagte ich. »Um was spielt ihr denn heute?«

»Um zwanzig Euro plus den Einsatz für neue Kugeln«, antwortete mir der eine.

»Ein paar schöne Kugeln habe ich auch für euch«, sagte ich, fasste mir unter meinen Busen und drückte die beiden prächtigen Halbkugeln noch etwas mehr nach oben aus dem BH heraus. Die Jungs staunten Bauklötze!

»Was soll das?«, fragte der eine.

»Ich erhöhe den Einsatz. Wer gewinnt, darf mich anschließend ficken.«

Kurze Verwirrung. Ich merkte genau, wie es in ihren Köpfen qualmte. Dann: »Okay! Mach schon mal deine Bluse auf.«

Als beide jetzt auf mich zukamen, hatte ich Angst, dass sie mir alle Knöpfe abreißen würden. Ich beeilte mich deshalb, meine Bluse schnell selbst aufzuknöpfen, und drückte meine Titten wieder nach oben.

»Das muss erst einmal reichen«, sagte ich. »Spielt jetzt endlich um mich!«

Die beiden gingen zum Billardtisch zurück und machten ein paar schöne Stöße. Ich hatte mich auf einen hölzernen Stuhl in der Ecke gesetzt und musterte sie genauer.

Der eine hatte ordentliche Muskeln, ein richtiger Modellathlet, aber auch nicht übertrieben, also nicht prollig. Der andere war etwas kleiner und eher schmächtig. Beide sahen aber ganz passabel aus, also nicht heruntergekommen. Die konnte man vorzeigen. Ich würde mich ja auch nicht mit jedem einlassen.

Weil mir ihr Billardspiel dann aber doch etwas langweilig wurde - schließlich kämpften sie verbissen um jede Kugel

- griff ich mir auch einen Queue, zog meinen Rock etwas hoch und den Slip beiseite und schob mir zum Anwärmen schon mal den Handgriff des Spielgerätes in meine Fotze. Das war äußerst angenehm, weil der Griff des Stocks mit einem weichen Gummi ummantelt und dazu noch etwas geriffelt war.

Als die Jungs das mitbekamen, wuchs bei jedem in Sekundenschnelle eine große Beule in der Hose.

»Wir haben uns auf unentschieden geeinigt«, sagte jetzt der Dünnere. »Wir werden den Gewinn einfach teilen.«

Bei diesen Worten holten beide Kerle wie auf Kommando ihre Schwänze aus der Hose und kamen mit ihren wedelnden Ständern auf mich zu. In Nullkommanichts hatte ich jetzt zwei schöne Schwänze vor meiner Nase.

Der Muskulöse hatte einen etwas kürzeren, aber deutlich dickeren Pimmel, der Schwanz des anderen war sicherlich achtzehn Zentimeter lang. Ich ließ von meinem Queue ab und griff mir die beiden Prachtlatten, an denen ich mit geschlossenen Augen hingebungsvoll hoch und runter leckte.

Dann zogen die Jungs ihre Klamotten ganz aus und warfen sie achtlos auf den Boden. Ich wurde hochgehoben und mitten auf den Billardtisch gesetzt. Dort konnten sie mich jetzt schön von allen Seiten in meiner Nacktheit begutachten und anfassen.

Ich war recht stolz auf meinen Körper: ein hübsches Gesicht mit einem großen Bläsermund, lange blonde Haare, große, aber auch nicht zu große Titten, kaum Bauchansatz und schlanke Beine mit Joggingwaden – perfekt.

Und als ich jetzt auf dem grünen Tuch meine Schenkel immer weiter spreizte, bekamen sie freie Sicht auf meine Pflaume, denn ich war unten rum natürlich rasiert. Nur ein kleines Büschel Haare hatte ich oberhalb der Spalte stehengelassen, der aber mit seinen blonden Härchen kaum auffiel.

Als der Dünnere mir jetzt wieder ein Queue in meine Fotze bohren wollte, hielt ihn sein Kumpel davon ab. Stattdessen kletterten beide zu mir auf den Billardtisch und nahmen mich in die Mitte.

Der Hagere legte sich auf den Tisch, und ich musste mich auf seine steil aufgerichtete Lanze setzen, die er mir umgehend bis zum Anschlag in meine Möse schob. Der andere spielte währenddessen mit meinem Busen und biss mir leicht in meine Nippel.

Nach ein paar Stößen wollte der Modellathlet aber auch richtig mitmachen und mich ficken. Der andere zog seinen Pimmel also aus meiner Fotze, nahm genau Maß und schob mir sein langes Ding in den Hintereingang.

Jetzt war mein richtiger Lustkanal endlich frei für den dickeren Schwanz, auf den ich mich schon die ganze Zeit gefreut hatte. Er strich mit seinem Pimmel erst ein paar Mal durch meine Spalte, rieb sich dabei immer wieder an meiner Perle und fuhr dann endlich ganz in mich hinein.

Ich war wie von Sinnen. Im Arsch wütete der Kollege Langschwanz, und vorn rammelte mich der schöne, dicke Pimmel. Beide Schwänze stießen beim Ficken immer wieder in meinem Inneren zusammen, was ich deutlich spüren konnte.

Auch für meine guten Ficker war dies ein besonderer Reiz, denn schnell steigerten sie ihren Rhythmus, um sich – und wohl auch mich – zum Höhepunkt zu reiten.

»Uahh«, rief ich aus, nachdem ich ihre geilen Stöße bereits mit ordentlichem Stöhnen und einigen spitzen Schreien begleitet hatte.

Jetzt kam es uns dreien fast gleichzeitig. Während der eine seinen heißen Saft tief in meinen Darm spritzte, schoss der andere seine Ladung in meiner Möse ab, wo sie sich umgehend mit meinen eigenen extrem stark fließenden Geilsäften vereinigte, sodass es trotz des immer noch in mir steckenden Prachtpimmels, der an Größe bisher kaum eingebüßt hatte, bereits links und rechts aus meiner Möse heraustropfte. Und als der andere seinen Schwanz aus meinem Arsch herauszog, lief es auch da in Strömen. *Ob das dem Billardtisch guttat?*

Und genau in dem Augenblick kam der Wirt durch die Tür und schlug gleich die Hände über dem Kopf zusammen. »Ihr habt mit eurer Fickerei meinen Billardtisch ruiniert!«

»Reg dich ab, Jochen. Das trocknet wieder weg«, antwortete ihm der Schmächtige.

»Ich wollte abschließen. Geht ihr jetzt auch?«

»Komm, lass uns die Kleine doch noch einmal zusammen ficken«, schlug der Kräftige stattdessen vor. Mit einem Nicken des Wirtes schien dieser Plan besiegelt. Meine Billardfreunde trugen mich, nackt wie ich war, in den vorderen Kneipenraum.

Jochen beeilte sich, seine Kneipe abzuschließen und die Rollos herunterzulassen. Dann ging er hinter seinen Tresen und zapfte uns ein paar schöne Biere.

In der Mitte des Raumes wurden drei Barhocker hintereinander platziert und ich mit dem Rücken darauf abgelegt. Das war ganz schön wackelig, doch einer meiner strammen Kerle hielt mich immer in Balance. Dafür griff ich ihm umgehend an seinen Schwanz und fing gleich an zu wichsen.

»Jochen, gib uns doch mal drei Kümmerlinge aus. Die will uns die Lady gleich präsentieren.«

Was wollte er damit sagen? Ich ließ mich überraschen. Und tatsächlich schleppte der Wirt ein kleines Tablett mit drei eisgekühlten Mini-Schnäpsen an und stellte es auf den Tresen. Der Schmächtige platzierte sich zwischen meinen weit geöffneten Schenkeln und schob mir ein Fläschchen in meine Möse, sodass nur noch der Hals rausguckte. *Brrh, war das kalt!*

Dann musste ich mein Becken anheben, er drehte den Verschluss auf, kniete sich vor mich und ließ den Schnaps in seinen Mund laufen. Dann zog er das Fläschchen mit den Zähnen wieder aus mir heraus. So etwas hatte ich noch nicht erlebt – ich musste hier die Bar spielen, den Ausschenker!

Und das Ganze passierte mit wechselnden Männern insgesamt dreimal hintereinander. Klar, dass die Lümmel nach dem Trinken ihren Zungen freien Lauf ließen und mir noch mit den Schnapsresten am Mund ordentlich die Möse leckten.

Jochen, der als letzter seinen Kümmerling aus meiner Mösen-Bar bekommen hatte, hatte seine Hosen längst ausgezogen und wichste ständig seinen Schniedel. Jetzt durfte er ihn in mir versenken.

Die beiden anderen gaben ihm Geleit, indem sie mich festhielten und mir abwechselnd von links und von rechts ihre Schwänze in den Mund schoben. Der Wirt spritzte vor lauter Geilheit als Erster in meiner Möse ab, und die beiden anderen gleich danach voll in mein Gesicht, weil ich sie weiterhin so schön massiert hatte.

Jochen hatte das bei unserem Ficken versaute Billardtuch anscheinend völlig vergessen, denn er schenkte uns noch einmal nach und erließ meinen beiden strammen Fickern sogar ihren Deckel.

Ich wurde gebeten, ruhig öfter gegen Feierabend in der Pinte vorbei zu kommen, wenn das Kneipengeschäft ruhiger wird und wir Zeit und Gelegenheit für Spaß zu zweit oder zu dritt hätten.

»Gern wieder!«, sagte ich, trank mein Bier aus, wischte mir die letzten Sperma-Spuren aus dem Gesicht, zog rasch meine Klamotten an und verließ die gastliche Stätte in Richtung meiner Wohnung.

Duschen kannst du bei mir

Ich hatte meine Nachbarin Bärbel vor ein paar Wochen näher kennengelernt, als ich morgens in meinem Badezimmer, natürlich nackt, bemerkte, dass die Heizung ausgefallen war und es kein warmes Wasser gab.

Ich hatte mir einen Bademantel übergeworfen, klingelte bei meiner Nachbarin und fragte sie, ob ich bei ihr kurz duschen könnte. Die höfliche Bärbel ließ mich rein und zeigte mir den Weg zu ihrem Bad. Sie hatte eine begehbare Riesendusche mit einem sehr großen Duschkopf.

Hauptsache warmes Wasser, dachte ich und seifte mich ein, als ich plötzlich zwei Hände bemerkte, die mich von hinten umfassten. Zwei jugendlich-stramme Titten drückten spürbar gegen meinen Rücken.

»He, he, was soll das denn?«, fragte ich scheinheilig.

»Dem jungen Mann muss doch geholfen werden. Der hat ja kein warmes Wasser«, antwortete sie mir, obwohl sie sicherlich zehn Jahre jünger war als ich. Meine vierzig sah man mir aber auch nicht gleich an, ich bin recht sportlich und habe meinen Körper fit gehalten.

Dazu zählte auch das lange Ding, das üblicherweise beim Duschen locker zwischen meinen Beinen baumelt, jetzt stramm auf drei Uhr stand und wippte.

Bärbel kniete sich vor mich und verwöhnte das hart gewordene Monster mit ihrer Zunge. Dann ließ sie Zentimeter um Zentimeter in ihren Mund hineingleiten, vollständig schaffte sie es aber natürlich nicht. Aber die dreieinhalb Zentimeter Durchmesser verursachten bei ihr schon eine kleine Maulsperre.

Als sie genug gelutscht hatte, half sie mir bei der Körperreinigung. Mit viel Schaum seifte sie mich von oben bis unten ein – im Gesicht so doll, dass es mir in den Augen brannte, und in meiner Körpermitte, sodass ich mit zwei von ihren Fingern im Arsch fast einen kleinen Hüpfer machte.

Auch Bärbel wollte jetzt ganz sauber werden, wie sie sagte, und ich gab ihr natürlich überall viel Schaum. Dann stellte sie sich mit einem Bein auf einen Fliesenabsatz und streckte mir ihren bereits gut vorgereinigten Po entgegen.

Ich nahm Peilung auf und rammte ihr mein Rohr erst einmal von hinten in ihre halb geöffnete Fotze, was bei ihr große Begeisterung auslöste. Sie drehte sich zu mir um und versuchte, so gut es ging, beim Rammeln einen Kuss zu ergattern.

Als sie sich dann noch etwas tiefer bückte, wusste ich, wo mein schön in ihrer Möse eingeschleimter Schwanz jetzt hinsollte. Ich prüfte mit meinem Mittelfinger ihren Hintereingang. Doch als ich merkte, wie bereit ihr Arsch war und dass der Ringmuskel bereits jeden Widerstand aufgegeben hatte, da rammte ich ihr meinen Prügel direkt in ihren Darmausgang. Es flutschte tatsächlich wie in ihrem anderen Lustkanal. Zumindest für mich war diese Fickerei sogar noch schöner, weil ihr Anus natürlich viel enger und weniger dehnbar war, sodass sich die Wände ihres Enddarms ganz fest um meinen Schwanz schmiegten.

Der Nachteil? Lange hielt ich diese intensive Schwanzmassage nicht aus und spritzte ihr meinen Saft in mehreren Schüben in ihren Arsch.

Nachdem die weiße Soße wieder herausgekleckert war, duschten wir erneut und trockneten uns gegenseitig ab. Jeder von uns hatte da so seine speziellen Stellen, die einer besonders intensiven Behandlung bedurften.

Dann schnappte ich mir meinen Bademantel und Bärbel begleitete mich splitterfasernackt zur Haustür, was aber in der eigenen Wohnung auch eigentlich nichts Ungewöhnliches ist.

Plötzlich riss sie jedoch im Flur eine Tür auf, hinter der sich ein Schlafzimmer befand. Auf dem Bettrand saß eine attraktive Mittfünfzigerin in verführerischen dunkelroten Dessous.

»Bei meiner Mutter kannst du dich jetzt auch noch für das Duschen bedanken«, sagte Bärbel und schubste mich in Richtung Bett.

Ihre Mutter, die übrigens Doris hieß, streifte mir den Bademantel ab. Und als sie sah, dass ich, beziehungsweise mein Gerät, schon wieder bereit war, nahm sie mich in die Arme und hauchte mir einen dicken Kuss aufs Ohr.

»So einen tollen Mann darf mir doch meine Tochter nicht vorenthalten«, sagte sie.

Dann durfte ich sie entblättern, wobei sie stets bemüht war, meinen Schwanz nicht aus ihren Händen zu lassen. Und jetzt, wo wir beide nackt auf dem Bett lagen, bekam mein Pimmel von ihr eine Sonderbehandlung. Sie lutschte erst an meiner Eichel, versuchte sogar, die Spitze ihrer Zunge ein wenig in mich hineinzustecken, und schleckte dann genüsslich um meine Kranzfurche, als wenn sie an einer Eiswaffel lecken würde.

Doch dann war ich ganz baff: Sie hatte offenbar den Brechreiz an ihrem Zäpfchen voll im Griff, und so konnte sie meinen Schwanz jetzt tief in ihre Speiseröhre schieben.

Währenddessen hatte Bärbel es sich neben uns bequem gemacht und ihrer Mutter ordentlich die Möse geleckt.

Als Doris meinen Schwanz wieder aus ihrem Hals entlassen hatte, legte sich die Mutter mit weit geöffneten Schenkeln auf den Rücken und wollte endlich von mir gefickt werden. Während ihre Tochter ihre Möse blitzeblank rasiert hatte, präsentierte Doris mir zwischen ihren Beinen einen Natur-Urwald aus krausen, schwarzen Härchen. Nur an den Seiten hatte sie die Pracht etwas gestutzt, damit die Haare nicht links und rechts aus ihrem Slip herauswuchsen.

Ihre Möse war von der intensiven Leckerei ihrer Tochter ganz feucht geworden und auch schon leicht geöffnet, ein paar kleine Tropfen in ihrem Schamhaar sahen aus wie Perlen.

Ich setzte mein Gerät an und schob meinen Riemen in einem Zug tief in ihre Fotze, was ihr prompt einen spitzen Jubelschrei entlockte. Und bei unserer Rammelei konnte sie dann auch hin und wieder ein lautes Stöhnen nicht unterdrücken – diese Frau hatte es wirklich mal wieder nötig.

Schließlich wollte Bärbel aktiver mitmachen. Sie hatte mir die ganze Zeit schon durch die Beine gegriffen und mich gestreichelt, was sie zu fassen bekam: meinen halb herausgezogenen Schwanz, meine Eier oder die Möse ihrer Mutter – egal.

Jetzt bat sie mich, kurz von ihrer Mutter herunterzugehen. Bärbel legte sich nun mit dem Rücken oben auf ihre Mutter und spreizte ebenfalls ihre Beine, sodass ich jetzt zwei sauber übereinandergestapelte Mösen vor mir liegen hatte.

Ich verteilte meine Stöße deshalb sehr gerecht und fickte mal die eine und mal die andere. Einmal ging es also in eine glatt rasierte Fotze und einmal in den haarigen Urwald.

Doris griff jetzt hinter sich und zauberte unter ihrem Kopfkissen einen goldfarbenen Vibrator hervor, der sogar in etwa die Ausmaße meines Pimmels hatte, nur nicht so lang war.

Dafür machte er recht schnelle Vibrationen und wurde schön warm, als ich ihn in Betrieb setzte und immer in die Möse stopfte, die ich gerade nicht mit meinem eigenen Schwanz beackerte.

Ich habe mich bei meiner Nachbarin und ihrer scharfen Mutter sehr wohl gefühlt, aber jeden Tag hält man das sicherlich nicht aus.

Zu viert in der Sauna

Erika und Jochen leben auf dem Land. Sie hatten sich ein altes Bauernhaus gekauft, das sie aufwendig restauriert und umgebaut haben.

Kernstück des Hauses ist der große, hallenartige Wohnbereich. Die Landhausküche wurde in diesen Bereich integriert und lediglich durch einen langen Unterschrank abgetrennt, quasi als Raumteiler. Schlafzimmer, Badezimmer, Gästezimmer, Jochens Büro und weitere Räume befanden sich oben.

Wir hatten uns lange nicht gesehen und folgten an diesem recht sonnigen Sonntag einer spontanen Einladung zum Kaffee mit anschließendem Saunabaden. Meine Frau Almut und ich waren mit unseren Rädern aufs Land gefahren und hatten durchaus vor, uns heute mit unseren Freunden das eine oder andere Glas Alkohol zu genehmigen.

Erika hatte die Kaffeetafel in einer von Büschen geschützten Ecke des großen Gartens gedeckt. Ihr Grundstück lag ohnehin ziemlich am Ende der dörflichen Bebauung und war kaum einsehbar.

Es gab leckeren Obstboden mit Sahne und danach für jeden einen Birnenschnaps. Dann gingen wir gemeinsam zur Sauna, die sich im Garten in einem separaten Holzhäuschen befand.

Schnell waren wir aus den Klamotten, nutzten die unter der Decke montierte Regenwalddusche für die Vorreinigung, trockneten uns mit den bereitgelegten Badetüchern ab und gingen gemeinsam in die große Saunakabine, deren Tür aus Ganzglas bestand, sodass man durch die Scheiben des Holzhäuschens gut in den Garten sehen konnte.

Erika setzte sich auf die mittlere Bank und fing schon nach wenigen Minuten an, heftig zu schwitzen. Umgehend fuhr sie mit beiden Händen immer wieder lasziv an ihrem Körper entlang, um die Schweißtropfen abzustreifen. Dabei setzte sie ihre großen Brüste gekonnt in Szene.

Beim zweiten Gang legte sich Erika uns gegenüber auf die oberste Bank und spreizte ihre Beine derart, dass man bei ihr bis in den Himmel gucken konnte. Auf jeden Fall blitzte ihr Intimpiercing sogar im gedämpften Licht der Saunakabine. Wieder begann sie ihr Prozedere und streifte die Schweißtropfen erneut gekonnt von ihrer Haut ab. Jetzt strich sie aber auch zwischen ihren Oberschenkeln entlang und wischte so wie zufällig ständig über ihre Spalte. Irgendwann blieb sie daran hängen und schob sich gleich zwei Finger in die Möse. Jochen bekam dann ihre Hand gereicht und durfte das erregende Gemisch aus Schweiß und Mösensaft genüsslich abschlecken.

Almut hatte natürlich mitbekommen, dass mich diese aufreizende Szene nicht kalt gelassen hatten, was angesichts meiner steil aufgerichteten Latte auch kein Wunder war. Sie nahm meinen Schaft in die Hand, drehte sich etwas mehr zu mir hin und gab mir einen sehr feuchten Kuss.

Dann war dieser Saunagang aber auch schon zu Ende, und ich fragte mich, wie weit es Erika bei dem letzten Gang wohl treiben würde. Ich hatte sie noch als kleines, geiles Miststück gut in Erinnerung.

Und tatsächlich pflanzte sich die Frau des Hauses beim dritten Gang in unserem Beisein einfach auf Jochens Schoß und ließ seinen Schwanz langsam in sich hineingleiten. Dabei küssten sich die beiden so intensiv, dass Almut und ich unsere Blicke einfach nicht abwenden konnten.

»Macht euch doch wohl nichts aus, oder?«, fragte Erika scheinheilig, als sie Jochens Zunge einmal nicht im Mund hatte.

»Nö, macht ruhig weiter, ihr seid ja hier zu Hause. Wahrscheinlich fickt ihr ja jeden Sonntagnachmittag in eurer Sauna. Und heute habt ihr sogar noch zwei Zuschauer dabei«, sagte ich.

»Georg!«, rief mich da meine Frau zur Räson. »Aber du hast ja recht – lasst euch durch uns bloß nicht aufhalten!«

Erika stand daraufhin auf und setzte sich breitbeinig mit dem Rücken zu ihrem Mann auf dessen Schoß. Almut und ich konnten genau verfolgen, wie sich Jochens Schwanz tief in ihre rasierte Möse bohrte und dort seine lustbringende Arbeit aufnahm. Ihr Piercing, das sie sich oben am Scheideneingang durch die Klitorisvorhaut stechen lassen hatte, und ihre großen Titten wackelten dazu im Takt.

Doch kurz bevor die beiden zum Höhepunkt kamen, verließen Almut und ich diesen mehr als heißen Ort, genannt Saunakabine, und stellten uns erst einmal minutenlang unter die eiskalte Außendusche. Dann legten wir uns – so wie Gott uns geschaffen hatte – auf den Rasen und warteten darauf, dass auch unsere Freunde zu uns stießen.

Auch die beiden stellten sich erst noch unter die Dusche und ließen sich dann neben uns auf dem Rasen von der Sonne trocknen.

Jochen hatte sich auf den Rücken gelegt und die Beine etwas angewinkelt. Erika krabbelte einfach zwischen seine Beine, bearbeitete mit der einen Hand seinen Schwanz und schob sich mit der anderen abwechselnd seine Eier in den Mund und lutschte genüsslich daran herum.

Als ich jetzt eine Hand mehr zufällig auf Erikas Hintern legte und sanft über ihre hübschen Rundungen strich, fing sie sofort an zu zappeln. Gleichzeitig hob sie ihr Becken etwas an und spreizte ihre Schenkel, dass ihr Piercing schön in der Sonne funkelte.

Das war für Almut und mich der Startschuss, um uns an ihrem Liebesleben aktiver zu beteiligen. Almut, die links von Erika im Gras lag, streichelte mit ihrer rechten Hand über Erikas Oberschenkel und schob dem geilen Miststück gleich einmal zwei Finger in die Möse. Und ich tat dasselbe mit meiner linken Hand, wobei ich meinen Daumen zusätzlich zu Hilfe nahm und damit sanft ihren Kranzmuskel massierte, ohne in ihren Anus einzudringen.

Das kostete Erika eine Weile genüsslich aus, denn sie fickte sich richtiggehend selbst mit unseren Fingern. Währenddessen massierte sie natürlich weiter Jochens Schwanz und lutschte ordentlich an seinen Eiern herum. Dann raffte sie sich kurz auf und pfählte sich mit seinem Pimmel, der natürlich wie eine Eins stand und schon einige Lusttropfen produziert hatte.

Sie rief mich heran und verlangte, dass ich umgehend noch zusätzlich in ihren Anus eindrang, was ich auch artig befolgte. Almut musste sich breitbeinig auf Jochens Gesicht setzen und ihn von der Nase über seinen Mund bis hin zum Kinn mit ihrer feuchten Möse schön einschleimen. Dann stoppte meine Frau mit ihrer Bewegung in der Höhe seines Mundes, und umgehend stopfte Jochen auch ohne Aufforderung seine zusammengerollte Zunge in ihre Möse.

Es dauerte gar nicht lange, bis wir alle vier auf dem Rasen in heftige Zuckungen gerieten und unsere Säfte herausschleuderten. Total ermattet fielen wir auseinander und blieben schwer atmend, aber restlos befriedigt, nebeneinander auf dem Rücken liegen.

»Jetzt testen wir noch unseren neuen Außen-Whirlpool; der ist immer auf 39 °C vorgeheizt«, sagte Jochen schließlich.

Also spülten wir unter der Außendusche die Sperma- und anderen Spuren von unseren Körpern kurz ab und stiegen in den Whirlpool. Nur Erika musste in der Küche noch irgendetwas für das Abendbrot vorbereiten.

Und just in dem Moment, als sie zurückkam und sich schließlich unserem Spa näherte, spürte ich einen fürchterlichen Druck auf meiner Blase.

»Stell dich einfach hin und pinkle auf den Rasen«, meinte Jochen.

Gesagt, getan! Doch Erika stellte sich plötzlich bewusst in meinen Strahl. Und jetzt bemerkte ich auch, dass sich ihr Mann ebenfalls neben mich hingestellt hatte und mit mir gemeinsam seine Frau von oben bis unten anpisste. Erika drehte sich in unseren Pisse-Strahlen, tänzelte dabei richtig und verrieb die heiße, gelbliche Flüssigkeit genüsslich auf ihrem Körper, als wenn es eine Bodylotion wäre.

Dann ging sie zur Außendusche und brauste sich minutenlang mit dem eiskalten Wasser ab. Als sie danach zu uns in den Pool kletterte, war ihr Körper so kalt geworden, dass wir ihn umgehend mit unseren Leibern und unseren Händen wärmen mussten.

Innerhalb kürzester Zeit bildeten wir so wiederum ein geiles Menschenknäuel. Unsere und auch ihre Hände waren natürlich überall – und nicht bloß zum Aufwärmen.

Ich war schon wieder so geil, dass ich mich fragte, was dieser Abend wohl noch so alles für uns bereithalten würde. Ich konnte mir schon gut vorstellen, dass Almut und ich heute Nacht das Bett mit Erika und Jochen teilen würden – abwarten!

Meine geile Friseuse

Als Junggeselle freue ich mich eigentlich immer auf meinen monatlichen Friseurbesuch. Mit der Wartezeit ist das gut eine Stunde, in der ich mich vollkommen entspannen kann und an nichts anderes denken muss.

Wie in den Wartezimmern von Ärzten blättere ich auch gern in den ausliegenden Zeitschriften, insbesondere Autozeitschriften.

Bei meinem letzten Friseurbesuch lag da auch eine »St. Pauli Illustrierte« auf dem Tisch, in der ich dann während meiner Wartezeit eher lustlos herumblätterte: halb und ganz nackte junge Frauen mit großer Oberweite, nackte Männer mit einem zwar schlaffem, aber doch enorm langen oder dicken Schwanz und natürlich Frauen und Männer in eindeutigen Posen und Stellungen, von denen aber jeder weiß, dass das nur Show ist, weil in Illustrierten keine richtigen Kopulationsszenen abgebildet werden dürfen.

Ich interessierte mich für die Kontaktanzeigen. Neben den Angeboten der Professionellen waren dort jede Menge Hoffnung und Leid versteckt. Natürlich waren die Bilder nicht echt, zumindest zeigten sie die Person zehn oder sogar zwanzig Jahre jünger - egal, ich mochte diese Anzeigen gern durchschnüffeln.

Dann fiel mein Blick auf die Rubrik »Das Mädchen aus der Nachbarschaft«. Eine junge Frau mit Namen Angela, angeblich dreiundzwanzig Jahre alt, wurde in ihrer Wohnung vorgestellt. Noch in Straßenkleidung präsentierte sie den Lesern ihr Wohnzimmer, die Küche und das Bad. Dann folgten Bilder mit Angela in der Badewanne - mit viel Schaum - und schließlich Angela pur in ihrem Schlafzimmer - vor ihrem Kleiderschrank, vor dem großen Spiegel und dreimal auf ihrem großen Bett.

Sie hatte blonde, lange Haare, ein hübsches Gesicht, einen mittelgroßen, festen Busen, einen flachen Bauch - auch eher normal in ihrem Alter - und unendlich lange Beine bis zum Po! Dazwischen die heute obligatorische rasierte Pflaume, die von einem kleinen Streifen recht dunkler Schamhaare gekrönt wurde - der mir so dicht erschien, dass er wie ein Fellbüschel aussah.

Ich wurde jäh aus meinen Gedanken geholt, als es hieß: »Der Nächste, bitte!« Ich klemmte mir die Zeitschrift unter den Arm und ging in den Herrensalon, der sich an den Damenbereich anschloss, nur durch einen Vorhang getrennt.

Ich war wohl der letzte Kunde an diesem späten Freitagnachmittag, die meisten Arbeitsplätze wirkten bereits aufgeräumt, und - etwas gedämmt durch den Vorhang - hörte ich aus dem

Damensalon mehrmals nacheinander ein »Tschüss, schönes Wochenende!« und am Schluss dann sogar »Tschüss, ich schließe hinter mir schon einmal ab!«

Ich war jetzt also mit meiner Friseuse allein in dem Salon. Sie hatte den üblichen pastellfarbenen Kittel an, der recht weite Armausschnitte hatte und so einen Blick auf die Oberbekleidung darunter ermöglichte. Gerade im Sommer, wenn es sehr heiß war, trugen die jungen Dinger darunter meist nur ihren BH oder eben keinen. Dann konnte man schön durch die Aussparungen der Ärmel auf ihren Busen sehen. Auch meine Friseuse, die sich mir als Claudia vorgestellt hatte, trug unter ihrem Kittel nur einen roten Spitzen-BH, was ich freudig registrierte.

Dann musste ich meinen Kopf weit nach hinten dehnen, damit sie mir in der herangefahrenen Keramikschüssel mit Handbrause die Haare waschen konnte. Ich bekam ein feuchtes Tuch auf die Augen gelegt, sodass an Busen-Gucken erst einmal nicht mehr zu denken war.

Ich habe es richtig gern, wenn mir so die Haare gewaschen werden - heißt das nun Friseurinnen oder Friseusen? Egal! Ich mag das wohltemperierte Wasser, mag ihre schlanken Finger, die meine Kopfhaut streicheln.

Schließlich wickelte Claudia meinen Kopf in ein schönes weiches Frotteetuch, das offenbar zuvor auf einer Heizung gelegen hatte, denn es fühlte sich angenehm warm an.

Nachdem sie meine Haare trocken gerubbelt hatte, fragte sie: »So wie immer?« In dem Augenblick nahm sie mir das Tuch von den Augen weg und präsentierte mir ihren makellosen Körper - nur noch in Slip und BH, den Friseurkittel hatte sie abgelegt.

Ich sah Claudia jetzt das erste Mal richtig in die Augen, checkte auch ihre Figur und erkannte sofort, dass meine Friseurin Claudia die Angela aus der »St. Pauli Illustrierte« war.

»Na, genug gesehen?«, fragte sie lächelnd und legte erst einmal die Schmuddel-Zeitschrift beiseite, die noch immer mit den aufgeklappten Seiten ihrer Fotostory vor mir lag.

»Angela oder Claudia, ist mir egal«, sagte ich, nahm sie in den Arm und drückte ihr einen langen Kuss auf die Lippen, was sie sich gern gefallen ließ. Dann befreite sie mich von dem Frisierumhang, öffnete meine Hose und holte meinen bereits halbsteifen Schwanz heraus, den sie sich umgehend tief in den Mund schob und herzhaft daran herum nuckelte.

»Ah, mh«, hörte ich nur. Schwanz wieder raus: »Darauf habe ich schon lange gewartet!« Schwanz wieder rein: »Ah, mh.« Schwanz wieder raus: »Sonst haben dich doch immer Doris oder Gabi bedient.« Schwanz wieder rein: »Ah, mh.« Schwanz wieder raus: »Heute habe ich sie alle weggeschickt!« Schwanz wieder rein: »Ah, mh.« Schwanz wieder raus: »Ich fand dich schon immer toll, und...«

Weiter kam sie nicht. Ich spritzte ihr meine Sahne tief in den Mund, so erregt war ich von ihrem Blasen und natürlich von ihrer Spitzenwäsche.

Nachdem sie sich den Mund etwas abgewischt hatte, gab sie mir einen dicken Kuss. Dann sagte sie: »Bei mir zu Hause geht es nachher weiter. Jetzt schneide ich dir aber erst einmal die Haare. Aber nicht, dass du denkst, ich würde in Zukunft immer halb nackt an deinen Haaren herum schneiden!«

Nachdem Claudia mir einen frischen Haarschnitt verpasst hatte, machten wir in dem Friseursalon zusammen klar Schiff, die anderen Angestellten hatte sie ja nach Hause geschickt.

Dann fuhren wir zu ihrer Wohnung. Bereits im Flur fielen wir übereinander her. Ich riss ihr die Kleider vom Leib, und auch Claudia konnte es kaum erwarten, mich nackt zu sehen und meine Haut zu spüren.

Nach einem langen Kuss, bei dem wir unsere Hände schon auf Wanderschaft geschickt hatten, gab es eine kurze Wohnungsführung, ich kannte ihr Zuhause ja eigentlich schon aus der Zeitschrift. Die zwei Kissen auf dem Sofa erkannte ich auf Anhieb wieder: »Die hattest du doch bei den Aufnahmen mit im Bett?«, sagte ich.

»Das stimmt, aber den ganzen anderen Kram, auch die Kuscheltiere hatte die Foto-Crew im Gepäck. Und überall wurden Möbel gerückt, Bilder abgehängt und alles umdekoriert. Ich erkannte meine Wohnung fast nicht wieder. Schließlich hat mich der Visagist noch einmal unten rasiert. Meine nachgewachsenen Stoppeln hätten wahrscheinlich die schönen Glanzbilder verdorben«, sagte sie.

»Das werde ich ab jetzt übernehmen«, sagte ich. »Ich bin ein perfekter Intimfriseur!« Und mein jetzt heftig wippender ratzekahl rasierter Schwanz schien ihr das umgehend bestätigen zu wollen.

Claudia packte sich das vorlaute Ding und zog mich daran hinter sich ins Schlafzimmer. Da ging die Post richtig ab! Zwei Tage sind wir fast nicht aus dem Bett gekommen. Zum Glück war ja Wochenende! Und am Montag war ich fest davon überzeugt, dass jeder uns ansehen konnte, wie wir die beiden freien Tage verbracht hatten.

24 Stunden Partnertausch

Und es war Sommer! Dieser Hit von Peter Maffay passte hundertprozentig zu unserer guten Laune. Meine Frau Petra und ich, beide Mitte dreißig, hatten beschlossen, ein paar Tage auszuspannen.

Da kam uns das Sonderangebot eines neu eröffneten Wellnesshotels in Zandvoort gerade recht: fünf Tage unter der Woche inkl. Vollpension und Anwendungen für kleines Geld.

Unsere Freunde, Jürgen und Brigitte, die wir schon seit Jahren kennen, waren auch gleich begeistert und sagten spontan zu, sich uns anzuschließen.

Tag 1:

Wir fuhren montags nach dem Frühstück mit Jürgens Auto los, einem großen SUV von BMW, in dem wir vier und unser Gepäck bequem Platz hatten. Über die Autobahn ging es von Wesel am Niederrhein, unserem Wohnort, nach Zandvoort. Die Fahrt verlief ohne Komplikationen, und auch das Hotel war schnell gefunden, dem Navi sei Dank.

Nach dem Einchecken an der Rezeption bezogen wir unsere Zimmer: 304 und 307 im dritten Stock, also dicht beieinander und auf dem Flur fast gegenüber.

Wir hatten verabredet, nur schnell die Koffer auszupacken und uns dann in der Halle wiederzutreffen, um vor dem Mittagessen noch einen Spaziergang durch den Ort zu unternehmen. Zandvoort ist nur ein kleines Städtchen, insbesondere die Fußgängerzone hätte man schnell durchstreifen können. Aber unsere Frauen mussten an jedem Klamottengeschäft stehen bleiben. Zum Glück hatten die meisten Mittagspause.

Irgendwann erreichten wir dann aber doch unser Hotel und gingen durch zum Speisesaal, wo ein reichhaltiges Buffet auf uns wartete. Danach beschlossen wir, den Nachmittag am Strand zu verbringen – natürlich im FKK-Bereich. Wir gingen über die Flaniermeile zum Strand, breiteten unsere Decken aus, pellten uns aus den Klamotten und legten uns in die Sonne. Doch nicht, ohne vorher noch Sonnenschutz aufzutragen, denn die Kraft der Sonne wird an der Nordsee wegen des Windes gern unterschätzt.

Ich schaute mich natürlich auch nach den anderen Badegästen um, aber mein Hauptaugenmerk galt Brigitte, die einen wirklich schönen Körper hatte. Während Petras Brust sich durch schöne, runde, apfelförmige Kugeln auszeichnete, hatte Jürgens Frau einen schweren Busen mit großen Vorhöfen und dunklen Nippeln. Und natürlich war sie im Schambereich ebenso kahl rasiert wie meine Frau. Ich bekam an diesem Nachmittag noch reichlich Gelegenheit, Brigitte und die anderen Weiber am Strand zu begutachten. Wir waren auch zweimal zum Schwimmen in der gar nicht mal so kalten Nordsee.

Ich wusste, dass Jürgen ein engagierter Hobbyfotograf war. Er hatte jetzt an den Strand sogar seine teure Leica mitgenommen. Er machte erst ein paar Fotos vom ganzen Strand und von der Umgebung, dann von unserer Gruppe. Damit er auch einmal mit im Bild war, hatte ich ihm angeboten, auch mal auf den Auslöser zu drücken. Doch seine Leica gab er nicht aus der Hand. Stattdessen platzierte er die Kamera auf einer ein paar Meter entfernten Liege und machte Fotos mit dem Selbstauslöser. Die Perspektive gefiel ihm aber nicht, sodass er die Liege auf die Seite kippte und die Kamera nun auf das metallene Gestänge stellte. Als eine kleine Böe die Liege umwehte und die Kamera beinahe in den Sand gefallen wäre, kam zufällig der Strandfotograf dazu und rettete Jürgens Kamera durch sein beherztes Eingreifen. Er bot uns sogar an, ein paar Bilder von uns zu schießen. Natürlich bekam der Profi dazu die Erlaubnis.

Der Fotograf machte ein paar Aufnahmen von allen Seiten und reichte Jürgen dann die Kamera zurück. Er bekam ein kräftiges Dankeschön und mit fünfzig Euro auch ein angemessenes Trinkgeld.

Irgendwann packten wir zusammen, wollten es am ersten Tag in der Sonne auch nicht übertreiben und steuerten wieder unser Hotel an. Unterwegs auf der Promenade waren die Frauen bei einem Geschäft wieder einmal nicht zu bremsen und mussten unbedingt hinein. Jürgen und ich setzten uns draußen auf eine Bank und warteten, bis der Shopping-Anfall vorüber war. Zweimal kam Petra heraus und drehte sich vor unseren Augen, Brigitte gleich dreimal. Dann ging es ins Hotel, wobei jede jetzt zusätzlich eine Einkaufstasche dabeihatte.

Nach dem Abendbrot machten wir einen kleinen Saunagang, nur zwei Durchgänge, und verabredeten uns anschließend an der Hotelbar.

»He, Werner, du schaust auffällig direkt auf Brigittes Titten! Das ist mir am Strand schon aufgefallen. Und als sie sich bückte, hättest du deine Stielaugen beinahe in ihre beiden Löcher gesteckt. Gefalle ich dir nicht mehr?« Petras Sätze kamen recht unverhofft, als wir allein waren und uns im Zimmer umzogen.

»Du interpretierst da etwas rein«, sagte ich. »Natürlich schaut man sich als Mann auch andere Frauen an. Und Brigitte hat nun mal eine Traumfigur – und natürlich auch zwei riesengroße Hupen. Das hat aber nichts mit dir zu tun. Und Jürgen hat dich doch auch nicht aus den Augen gelassen. Warum auch?« Meine Erklärung hatte meine Frau schnell wieder beruhigt. Sie fühlte sich wieder schön und von mir sexuell begehrt.

»Lass es heute Abend an der Bar nicht zu lange werden«, sagte Petra noch, als wir unser Hotelzimmer verließen.

Der Abend verging dann wie im Flug. Wir ließen den ersten Tag noch einmal Revue passieren, machten Pläne für die nächsten Tage und waren alle vier gut gelaunt. Natürlich hatten Petra und Brigitte gleich ihre neuen Klamotten angezogen und wollten noch einmal von uns Komplimente hören. Gegen dreiundzwanzig Uhr verließen wir zusammen die Bar und suchten unsere Hotelzimmer auf.

Als Petra aus dem Bad kam, fragte ich sie, ob sie denn müde sei. »Eigentlich ja«, war ihre Antwort.

»Zu müde?«, fragte ich nach.

»Nee!«, rief sie, riss sich das soeben angezogene Nachthemd wieder vom Leib und hüpfte in unser Doppelbett, wo sie sich quer hinlegte und die Beine spreizte.

Ich küsste mich von ihren Füßen über ihre Beine bis hin zu ihrer schön blank rasierten Möse, die ich zunächst nur mit meiner Zunge umrundete. Dann schnappte ich mir ihren Kitzler und biss vorsichtig hinein. Petra jaulte vor Vergnügen. Dann küsste ich mich weiter nach oben, schob meine Zunge in ihren Bauchnabel und verweilte besonders lange an ihren Apfelbrüsten, die ich ordentlich knetete und liebkoste. Ich dachte dabei zwangsläufig an ihre Vorhaltungen, dass mich Brigittes Monstertitten mehr interessieren würden.

Petra schnappte sich meinen Schwanz, der ihr bereits kräftig auf den Bauch trommelte. Sie wichste ein paar Mal und schob ihn sich dann selbst in ihr Loch. Ich nahm die Einladung gern an und begann, sie schön langsam, aber auch tief zu ficken. Immer wieder schrammte ich an ihrem G-Punkt vorbei, sodass sie sich schon bald krümmte und heftig kam. Ich schoss ihr in mehreren Schüben mein heißes Sperma tief in die Möse. Dann küssten wir uns, bis mein Schwanz von allein aus ihr herausflutschte.

Waschen und Schlafanzug waren nicht mehr angesagt, wir kuschelten uns nackt aneinander und schliefen schon bald ein.

Tag 2:

Nach dem gemeinsamen Frühstück machten wir eine Tagestour nach Amsterdam. Etwas fußlahm kehrten wir zum Abendbrot in unser Hotel zurück, nahmen noch gemeinsam einen Absacker an der Hotelbar und lagen dann alle recht früh in den Betten.

Tag 3:

Das Wetter hatte sich gedreht. Statt Sonnenschein und frühlingshafter Temperaturen, was an der Nordsee Sommer bedeutet, war der Himmel grau und es regnete wie aus Eimern. Da war es gut, dass unser Hotel ein breites Wellnessangebot bereithielt. Wir machten mehrere Saunagänge, planschten im Hotelpool, ließen uns massieren oder hingen einfach nur auf den Liegen ab.

Tag 4:

Beim Frühstück herrschte eine tolle Stimmung. Der Himmel war knallblau, und die Sonne lachte wieder vom Himmel. Wir alberten viel herum und machten Witze. Etwas ratlos waren wir hingegen, als es um die Planung der Aktivitäten dieses Tages ging. Der eine wollte noch einen Ausflug mit dem Auto machen, ein anderer lieber im Hotel bleiben, ein weiterer wieder an den Strand, und auch Shoppen wurde aufgerufen.

Da überraschte ich die Runde mit meinem Vorschlag: »Was haltet ihr von Partnertausch?«

Nach der anfänglichen Sprachlosigkeit nahm Jürgen als Erster das Gespräch wieder auf: »Partnertausch ist ja grundsätzlich nicht schlecht – mal wieder über Kreuz bumsen, alle auf einem Bett oder auch in zwei getrennten Schlafzimmern. Aber wieso kommst du heute schon beim Frühstück mit dem Vorschlag? Bis zum Abend ist es doch noch lange hin.«

»Ich meinte auch Partnertausch für einen ganzen Tag, also vierundzwanzig Stunden lang. Von jetzt bis morgen zum Frühstück. Mein Vorschlag ist: Wir Männer packen gleich unsere Koffer – wir haben eh weniger Gepäck als unsere Angetrauten - und ziehen jeder auf die gegenüberliegende Flurseite. Jedes Pärchen kann dann bis morgen zum Frühstück machen, was es will.«

»Geile Idee«, fand Brigitte, und auch meine Petra bestätigte ihr Einverständnis durch heftiges Kopfnicken.

Ich stand daraufhin vom Frühstückstisch auf, ging zu Brigitte hinüber und gab ihr erst einmal einen dicken Kuss. Das machte Jürgen natürlich auch gleich bei meiner Frau. Dann gingen wir zu unseren Zimmern, hatten jetzt aber jeder einen anderen Partner an der Hand.

Schnell schmiss ich meine Klamotten und meinen Kulturbeutel in meinen Trolley, gab Petra noch einen Kuss und verschwand aus unserem gemeinsamen Hotelzimmer. Auf dem Flur kam mir Jürgen mit seinem Koffer schon entgegen. Wir klatschten uns ab und verabredeten, uns in etwa einer Stunde im Foyer alle wiederzutreffen, um den Vormittag am Strand zu verbringen.

Als ich in Brigittes Zimmer trat, stand sie bereits vollkommen nackig vor mir, hatte sich leicht vorgebeugt und bewegte gekonnt ihren Oberkörper, sodass ihr schwerer Busen gewaltig in Bewegung war. Ich ging auf sie zu und fing umgehend an, ihre Titten zu massieren.

»Ich weiß nicht, was ihr Männer alle an meinem Busen findet«, sagte Brigitte. »Meine Titten sind doch einfach zu groß! Ich schleppe doch immer ein halbes Kuheuter vor mir her.«

»Quatsch, Quatsch mit Soße«, widersprach ich heftig. »Du hast einfach einen super Busen. Basta! Damit kannst du jeden Mann glücklich machen.«

Ich glaube, das wollte Brigitte nur hören. Denn damit ging so etwas wie ein Ruck durch ihren Körper. Zum einen drängte sie mit ihren Titten kräftig gegen mich, zum anderen zog sie mir mit nur einer Bewegung sowohl meine Hose als auch meine Boxer herunter. Und natürlich hatte ich dann umgehend ihre Hände an meinem Schwanz. Wir waren so rattenscharf aufeinander, dass wir sofort im Bett landeten. Es gab kein langes Vorspiel. Ich schob Brigitte einfach meinen Steifen in die Möse und begann sofort mit dem Ficken. Dass das definitiv auch ihrer Vorstellung von unserer ersten Nummer entsprach, merkte ich daran, wie Brigitte ohne jede Aufwärmphase mit ihrem Unterleib gegen mich drängte und heftig stöhnte.

Wir fickten jetzt wie die Wilden. Das Bett kam dabei mächtig in Bewegung und stieß immer wieder gegen die Wand, sodass unsere Rammelei wahrscheinlich auf der ganzen Etage zu hören war. Nun, dafür dauerte diese erste scharfe Nummer auch nicht allzu lange. Fast auf den Punkt kamen wir beide gleichzeitig und schrien unsere Geilheit laut heraus. Ich hatte die volle Ladung in ihre Fotze gespritzt. Nur beim Herausziehen meines Schwanzes kamen noch ein paar Spritzer auf Bauch und Titten.

Nachdem wir wieder normal atmen und klar denken konnten, stellten wir uns gemeinsam unter die Dusche. Die kleine Kabine konnte uns kaum aufnehmen. Irgendwie waren immer Brigittes dicke Möpse im Weg. Zum Glück war meine Erektion noch nicht voll zurückgekehrt. Irgendwann hatten wir es dann aber doch geschafft und trockneten uns gegenseitig ab. Da Brigitte meinem Unterleib die meisten Rubbeleinheiten verpasste, schoss prompt wieder das Blut in meinen Pimmel und sorgte für eine leichte Versteifung.

Komischerweise griff Brigitte gerade zu diesem Zeitpunkt in den Badezimmerschrank und reichte mir eine kleine, blaue Tablette in Rautenform, die ich nur zu gut kannte.

»Was soll ich denn damit? Hat doch bei mir alles prima funktioniert«, sagte ich zu ihr.

»Die Tablette habe ich bei Jürgen stibitzt, bevor der zu deiner Frau rüber ist«, antwortete Brigitte. »Das ist übrigens kein Viagra, sondern eine andere Rezeptur. Die Wirkung setzt etwa zwanzig Minuten nach der Einnahme ein, aber eben nicht schlagartig. *Schnell schlucken, sonst wird der Hals steif!* war also gestern. Die Wirkung der kleinen Tablette hält etwa vierundzwanzig Stunden an. Der Mann muss aber selbst geil sein, damit die Tablette eine harte und vor allem dauerhafte Erektion zaubert.«

»Aha, und du meinst, dass ich so etwas benötige?«

»Vielleicht, vielleicht auch nicht. Vierundzwanzig Stunden sind eine lange Zeit, und ich will lange und viel von dir haben, mein Kleiner«, sagte sie.

Also warf ich das kleine blaue Wundermittel ein. Dann machten wir beide uns strandfertig. Unten im Foyer erwartete uns bereits Jürgen, der meine Petra fest im Arm hielt. Die beiden gingen dann auch voraus Richtung Strand.

Da fiel es mir erst auf: Petra hatte ja das kurze Röckchen an, das sie erst gar nicht mitnehmen wollte. Erst nach meinem Zureden hatte sie es doch noch in den Koffer geschmissen. Es reichte ihr wirklich nur knapp über ihren Po. Bei jedem Schritt und bei jedem leichten Windzug blitzte ihr Höschen darunter hervor. Und an der Nordsee ist es eigentlich immer windig. Und jetzt erkannte ich auch, dass sie den dunkelblauen Spitzenslip anhatte, den ich ihr mit dem passenden BH erst zu Ostern geschenkt hatte. Was für ein Luder, dachte ich. Macht hier mit ihrem geilen Outfit die Männer an – und natürlich in erster Linie unseren Freund Jürgen.

Ich wusste zwar, dass Brigitte meist ohne Slip unterwegs ist, aber jetzt musste ich es überprüfen und fasste ihr von hinten in ihre Shorts – und tatsächlich: keine Panties, kein Slip, kein Tanga und auch kein String. Mit diesem erfühlten Wissen fühlte ich mich gleich wohler, sollte doch Petra ihre Slips ruhig spazieren führen und unter ihrem kurzen Röckchen der Öffentlichkeit ungeniert präsentieren.

Kurz danach erreichten wir den FKK-Strand, suchten uns einen schönen Platz und breiteten unsere Strandtücher aus. Dann flogen die Klamotten auf einen Haufen. Ich sah, dass auch Petras Schamlippen stark angeschwollen waren und tiefrot glühten. Die beiden hatten sich in der kurzen Pause offensichtlich auch gut vergnügt.

Beim gegenseitigen Eincremen hatte Jürgen dann versehentlich oder bewusst eine riesige Menge Sonnenmilch in seine Hand gekippt und hatte nun alle Mühe, die weiße Milch auf

Petras Haut zu verreiben. Natürlich konzentrierte er sich dabei vor allem auf ihren Busen, ihren Hintern und ihr Geschlecht. Welch eine Cremeorgie!

Als auch ich noch einmal nach der Sprühflasche greifen wollte, um Brigittes Sonnenschutz etwas zu komplettieren, erwachte mein Schwanz wie von Zauberhand aus seiner Ruhestellung und wuchs zu einer für einen FKK-Strand unerwünschten Größe, sodass ich von meinem Vorhaben abließ. Sollte die Viagra-Nachfolgepille bereits ihre Wirkung verbreiten? Dann konnten die kommenden vierundzwanzig Stunden ja noch heiter werden.

Glücklicherweise schaffte ich es aber ohne weitere Gliedversteifungen bis zur Mittagszeit, als wir unser Lager am Strand auflösten und zum Essen in Richtung Hotel aufbrachen. Jürgen und meine Frau liefen wieder Händchen haltend vorneweg, und der ständige Blick auf Petras ultrakurzen Rock ließ den Lümmel in meiner Hose deutlich anschwellen. Ich schaffte es aber mit den anderen bis in den Speisesaal und bekam auch während des Essens keine unlösbaren Probleme in meinen Shorts.

Wir beschlossen, dass sich unsere Wege nach dem Essen trennen würden. Jedes Pärchen sollte das unternehmen, worauf es Lust hatte, wobei das Wort Lust bei allen von uns ein ebenso strahlendes wie geheimnisvolles Lächeln hervorzauberte.

Brigitte wollte mit mir Shoppen gehen. Hierzu hatte sie sich Rock und Bluse angezogen und natürlich wieder kein Höschen. Nachdem sie durch Fragen zu einzelnen Klamotten in den Schaufenstern der Modegeschäfte meinen Geschmack erkundet hatte, zog sie mich in einen Dessousladen. Ich wurde auf einen bereitstehenden (Männer-warte-)Sessel verfrachtet, Brigitte schnappte sich zielsicher einige Wäscheteile und verschwand damit zu den Umkleidekabinen.

Als sie ein paar Minuten später nach mir rief, traute ich mich erst nicht zu den Kabinen, denn dort waren sicherlich noch weitere Frauen bei der Anprobe. Doch dann schob Brigitte einfach den Vorhang zur Seite und präsentierte mir ihr erstes Modell, eine nachtblaue Korsage mit Strapsen. Sie konnte die Schnürung des Oberteils gar nicht allein schließen, weil ihr Busen wieder einmal die Körbchen zu sprengen drohte. Nun stand sie also mit dem halb geschlossenen Mieder mitten im Dessousladen und zog natürlich die Aufmerksamkeit aller männlichen Begleiter auf sich. Das schien ihr aber nichts auszumachen, denn sie drehte sich weiter fröhlich und gewährte mir und allen den anderen mehr als nur einen verschämten Blick auf ihre schönen Rundungen.

»Wie ihr seht, muss mir der junge Mann jetzt etwas helfen«, rief sie keck noch in den Verkaufsraum hinein. Dazu nestelte sie an den Verschnürungen der Korsage, und plötzlich fielen ihre Riesentitten aus dem Oberteil. »Na, alles gesehen?«, fragte sie in die Runde, bevor sie mich am Arm packte und mit in die Umkleide zog.

Dort packte sie umgehend meinen Schwanz aus, der darauf schon stramm und prall in meiner Hose gewartet hatte. Brigitte verschaffte mir in der engen Umkleidekabine einen echt geilen Tittenfick; dumm nur, dass die Hälfte meines wild aus meinem Schwanz schießenden Spermas auf das sündhaft teure Dessous spritzte. Brigitte packte das Teil deshalb lieber selbst wieder in die Verpackung, zahlte (nachdem sie sich wieder angezogen hatte) und verließ fröhlich mit mir das Geschäft. Es hätte mich nicht gewundert, wenn uns die Männer in dem Laden noch applaudiert hätten.

In einem nahe gelegenen Café tranken wir dann ein Glas Sekt, wobei mir Brigitte wieder herrliche Blicke und Einblicke ihrer schönen Möse gewährte. Ihr kurzer Rock war ohnehin etwas hochgerutscht, jetzt hatte sie ihn nochmals gerafft, sodass auch die anderen Gäste im Café zumindest von der Seite sehen konnten, dass sie unten rum nichts einengte.

Nachdem sie mich und die anderen Besucher ausreichend aufgegeilt hatte, zahlten wir und marschierten in Richtung Hotel. Brigitte verzichtete jetzt auf den Fahrstuhl, in dem sie es mir vor unserem Einkaufsbummel schon fast besorgt hatte. Stattdessen lief sie vor mir die Treppe hinauf und bot mir wieder schöne Aussichten. Ich hätte sie auf jeder Stufe vernaschen können! Mein Schwanz sprang mir fast aus der Hose.

Das durfte er aber erst, als wir unser Zimmer erreicht hatten. Brigitte zwängte sich wieder in ihre neue Korsage und legte sich lasziv auf unser breites Hotelbett. Aus einer Nachttischschublade angelte sie nach einem fetten Dildo, den sie heftig schnurrend zwischen ihren Beinen zum Einsatz brachte. Dort ließ sich die Korsage aufhaken, sodass sie dem Vibrator den Weg in ihre Möse zeigen konnte.

Gleichzeitig schnappte sie sich meinen dicken Lümmel und schob ihn sich tief in den Mund. Das Spiel ihrer Zunge machte mich fast verrückt. Immer wieder ließ sie ihre Zunge zwischen meiner Kranzfurche und der Eichelspitze flattern.

Dann entließ sie meinen Schwanz wieder in die Freiheit, drehte sich um und reckte mir - auf den Knien hockend und den Kopf tief in die Kissen gedrückt – ihr famoses Hinterteil entgegen. Sie wackelte mit ihrem Po, zog sich die Arschbacken weit auseinander und präsentierte mir ihre rosafarbene Rosette. Kurz steckte sie sich dann noch den Dildo in den Arsch, um mir zu zeigen, dass er auch für meinen Schwanz gerüstet sei.

Ich ließ mich nicht lange bitten, setzte mein Rohr strategisch an und überwand mühelos ihren Ringmuskel. Problemlos konnte ich in ihren Arsch einfahren, ich hatte auch nicht bemerkt, dass sie dort irgendwelche Gleitcreme verschmiert hatte. Sie war einfach naturgeil und in allen Löchern gleich gut zu bespielen.

Ich versenkte meinen Riemen tief in ihren Därmen und wurde dabei zusätzlich von den Schwingungen des Vibrators in ihrer Fotze angeturnt. Brigitte wimmerte in den Kissen. Vor lauter Geilheit lief ihr die Vorfreude links und rechts am Vibrator vorbei aus ihrer Möse.

»Los, Werner, mach's mir jetzt kräftig! Fick mich hart!«, rief sie.

Und ich rammelte sie deshalb so fest ich nur konnte. Immer wieder zog ich meinen Schwanz fast aus ihrem Arsch, um ihn dann mit voller Wucht wieder in sie hineinzustoßen. Das konnte nicht lange gut gehen. Und auch Brigittes Stöhnen hatte deutlich an Lautstärke zugenommen. Plötzlich sackte sie wild zappelnd zusammen, konnte sich einfach nicht mehr auf den Knien halten. Sie schrie und griff nach mir, zerkratzte meine Haut und zitterte am ganzen Körper. Meinen Schwanz hatte ich wild spritzend aus ihrem Arsch gezogen. Und als sie sich umdrehte, schoss auch aus ihrer Möse ein helles, fast durchsichtiges Ejakulat – sie war vollkommen befriedigt und auch vollkommen erledigt.

Wohl zehn Minuten lang brachte keiner von uns ein Wort raus. Dann gestand sie mir, dass es ihr noch kein Mann so gut besorgt hätte. Sie hätte sich nie vorstellen können, dass das ausgerechnet mit mir passieren würde. Sie hätte ein Gefühl, als müsste sie mich auffressen. Allein die Vorstellung von unserem Partnertausch habe sie schon die ganze Zeit in eine latente Geilheit versetzt. Sie hätte ständig überlegt, was sie mit meinem Schwanz anstellen könnte. Sie wollte sich und mich an diesem Tag einfach restlos befriedigen.

Ich gab ihr einen dicken Kuss, streichelte ihre Möpse und fuhr ihr dann mit der Hand über den Bauch bis zu ihrer Spalte.

Alles war noch feucht und klebrig. Und mein Schwanz stand schon wieder wie eine Eins. Ein kurzes Nicken von ihr genügte, und ich schob ihr meinen Viagra-gestärkten Pimmel tief in ihre Fotze, wo ja bisher nur der Dildo gewütet hatte. Ein paar Stöße reichten, und ich machte sie schon wieder nass. Diesmal spritzte ich meinen Geilsaft einfach in ihre Möse. Und als ich meinen endlich einmal etwas erschlafften Pimmel aus ihr herauszog, liefen ganze Bäche hinterher – als wenn ein Korken davorgesessen hätte.

Das Abendbrot ließen wir ausfallen; wir ließen uns zwei Toasts mit Lachs und eine Flasche Champagner aufs Zimmer bringen. Die Toasts aßen wir mit überkreuzten Beinen im Bett sitzend, wir hatten vorher noch einmal ausgiebig geduscht. Der Champagner perlte hervorragend in unseren Gläsern und auf Brigittes Haut. Als ich aus meinem Glas ein paar Tropfen auf ihren Busen kippte, suchte sich diese selbstständig den Weg zu ihrer Spalte, wo ich ihn brav ableckte, noch einmal nachgoss und wieder ableckte.

»Boah, ist das geil! Es prickelt so schön«, sagte sie. »Mein Mann hat das einmal leider mit Cognac probiert. Da bin ich fast verrückt geworden, so hat das gebrannt. Ich musste mir meine Möse komplett auswaschen.«

Danach nahm Brigitte einen großen Schluck Champagner in den Mund und tauchte meinen Schwanz darin ein. Wir nuckelten so lange an unseren Geschlechtsteilen herum, bis es uns erneut heftig kam. Ich wusste gar nicht, dass meine Hoden so viel Sperma produzieren können. Zum x-ten Mal schoss ich eine hohe Fontäne ab, die auf Brigittes gewaltigen Brüsten landete und dort umgehend verrieben wurde, nachdem sie vorher mit dem Finger einen guten Klecks aufgenommen und zum Kosten in ihren Mund geführt hatte.

»Komm, Werner, wir gehen runter in den Wellnessbereich. Da ist jetzt bestimmt keiner mehr«, sagte Brigitte, schnappte sich einen Bademantel und marschierte mit mir zum Lift. Tatsächlich waren wir die einzigen Besucher in der großen Sauna. Da war es klar, was Brigitte hier mit mir vorhatte. Sie setzte sich auch nicht ganz züchtig auf eine Holzbank, sondern legte sich mit weit gespreizten Schenkeln auf die oberste Etage. Weil mich ihre geilen Schamlippen in der leicht schummerigen Beleuchtung der Saunakabine so anlachten, musste ich sie einfach liebkosen. Ich öffnete ihren Spalt, steckte meine Zunge tief hinein und bearbeitete zusätzlich mit meiner Nasenspitze ihre Klit.

»Los, fick mich hier und jetzt!«, sagte Brigitte unter heftigem Stöhnen. Dabei brachte sie ihren geilen Körper etwas näher an der Stufe in Stellung, wo meine Prachtlatte schon darauf wartete, um sich in sie zu versenken. Sie war gleich voll da. Vielleicht spielte dabei auch eine Rolle, dass jederzeit noch ein später Saunagast oder der Bademeister hereinkommen und uns erwischen konnte. Auf jeden Fall wurde es ein richtiger Quickie, allerdings vollkommen befriedigend für uns beide. Wir waren schnell auf dem Höhepunkt und stöhnten beide um die Wette. Von meinem Sperma und ihren geilen Säften lief ihre Möse richtig über. Der Sauna-Leitspruch »Kein Schweiß auf Holz« ließ sich an dem Abend einfach nicht befolgen.

Wir verließen die Saunakabine und hüpften nackt in das große Hotelschwimmbecken. Als Brigitte beim Schwimmen vor lauter Geilheit schon wieder nach meiner Möhre griff, vertröstete ich sie jedoch auf die vor uns liegende lange Nacht. Mit einem etwas betrübten Gesichtsausdruck stieg sie aus dem Becken, trocknete sich kurz ab und schlüpfte in ihren Bademantel.

Als wir auf unserer Etage den Lift verließen, sagte sie: »Du kannst mich eigentlich jetzt mal rasieren. Ich bekomme das mit meiner großen Oberweite nicht so gut hin, weil ich das nicht so gut sehen kann. Immer ist mir dabei eine Titte im Weg.«

Gesagt, getan. Ich holte aus unserem Badezimmer ein Zahnputzglas mit heißem Wasser und mein Rasierzeug. Mit dem Rasierpinsel verteilte ich Rasiercreme breitflächig auf ihrem Dreieck und schäumte sie gut ein. Die genaue Lage ihrer Spalte war jetzt nur noch zu erahnen. Ich benutzte deshalb meinen erneut strammstehenden Schwanz, um Brigittes Schlitz zu erkunden, und lochte auch prompt ein. Das war aber natürlich nicht der Sinn der geplanten Rasur. Ich zog meine Zuckerstange deshalb wieder aus ihr zurück, setzte meine Brille auf und machte dann die ersten Striche mit dem Nassrasierer. Und schon lagen ihre deutlich angeschwollenen fleischigen Schamlippen in meinem Sichtfeld. Ich rasierte fleißig drum herum, nahm zwei Finger zu Hilfe, um die Haut links und rechts ihrer Spalte etwas straffzuziehen. Dann hob ich ihre Schenkel an, damit ich auch die kleinen Härchen erwischen konnte, die sich vorwitzig in Richtung Damm und Anus angesiedelt hatten.

»Soll ich dir wieder eine Landebahn machen oder willst du es heute ratzekahl?«, fragte ich sie dann.

»Eigentlich könntest du mich da unten mal wieder vollkommen nackig machen. Ich bin dann heute Nacht dein kleines Mädchen. Die Haare wachsen ja doch so schnell nach«, sagte sie.

Ich vernichtete also auch ihre bisher so schön getrimmte Landebahn. *Was Jürgen wohl davon hält, wenn ich seine Frau untenrum ratzekahl wieder abliefere?*, dachte ich kurz, vollendete dann aber gewissenhaft meine Arbeit, trocknete ihren Unterleib gut ab und massierte danach etwas Aftershave ein. Das eigentlich für derbe Männerhaut gedachte Gel enthielt allerdings etwas Alkohol, sodass Brigitte ordentlich zusammenzuckte. Ich konnte sie nur damit beruhigen, dass ich meinen medizinisch erfahrenen Schwanz schnell wieder in sie einführte. Vor lauter

Wonnen vergaß sie dabei das etwa unangenehme Prickeln auf ihrer empfindlichen Mösenhaut und spornte mich stattdessen an, sie jetzt heftig zu ficken.

In der Nacht haben wir dann noch drei weitere Nummern geschoben - von vorn, von hinten, in der Badewanne und sogar auf dem Balkon. Und auch ihr schneller Dildo bekam reichlich Gelegenheit, sich in Brigittes Ficklöchern umzusehen.

Auch mein Arschloch durfte damit Bekanntschaft schließen. Brigitte hatte zuvor ordentlich Sonnencreme als Gleitmittel-Ersatz in meiner Ritze verteilt und meinen Ringmuskel mit ihren Fingern etwas geweitet. Als sie dann mit der schnellsten Vibrationsstufe meine Prostata bearbeitete und gleichzeitig meinen Schwanz in ihrem Mund mit der Zunge umspielte und mir mit der freien Hand zusätzlich die Eier kraulte, kam ich unter heftigstem Stöhnen in ihrem Mund. Sie hat alles brav hinuntergeschluckt.

Gegen drei Uhr mussten wir vor Erschöpfung endlich voneinander lassen und sind sofort in einen tiefen, traumlosen Schlaf gefallen.

Tag 5:

Morgens nach dem gemeinsamen Frühstück mit Petra und Jürgen gingen die beiden Frauen gemeinsam aufs Klo; Frauen tun das ja ganz gern.

»Wir haben beschlossen, dass unser Partnertausch noch bis zur Abreise weitergeht«, berichtete Petra dann unter zustimmendem Nicken von Brigitte. Und auch Jürgen und ich waren von der Vorstellung nicht abgeneigt, vor dem Kofferpacken noch einen Abschiedsfick zu wagen.

Gegen elf Uhr trafen wir uns dann alle an der Rezeption und checkten aus. Als ich die Rechnung mit der Flasche Champagner bezahlte, guckte Jürgen etwas verwundert. Schließlich luden wir das Gepäck ein, und Jürgen gab Gas.

»Fahr bitte auf dieser Holperstraße nicht so schnell«, bat ihn meine Frau. »Ich kann kaum sitzen«, schob sie als Begründung noch hinterher. Und Brigitte ergänzte: »Sitzen geht bei mir gerade noch, aber das Laufen fällt mir etwas schwer.«

Als ich mich umdrehte, sah ich, wie beide Frauen auf der Rücksitzbank gerade ihre Röcke lüfteten. Petra hatte heute auch keinen Slip an. So konnte ich mit sachkundigem Blick feststellen, dass die Schamlippen beider Frauen ordentlich angeschwollen waren – ein sicheres Zeichen für ein extremes Sexualleben!

»Aber eine solche Reise sollten wir auf jeden Fall noch einmal wiederholen, - eine schöne Pause vom Ehealltag«, meldete sich meine Petra wieder von hinten zu Wort.

Erst jetzt fiel mir auf, dass auch ich auf dem Beifahrersitz mit ziemlich gespreizten Beinen dasaß. Meine Eier taten mir weh, und meinen etwas geschundenen Schwanz hätte ich statt in den eng ansitzenden Slip auch lieber in weiche Watte gepackt.

Zu Hause angekommen, fragte ich Petra, warum die beiden vorgeschlagen hatten, unser Agreement noch bis zur Abfahrt zu verlängern. »Machte dir denn das Ficken mit Jürgen so viel Spaß?«

»Ja, dir doch mit Brigitte auch, oder?«, antwortete mir meine Frau mit einem schelmischen Blick. »Eins ist aber auch klar: Partnertausch ist für mich erst einmal kein Thema mehr - außer wir machen mit den beiden wieder einen solchen Kurztrip. Die Fahrt und das ganze Drumherum haben mir wirklich gut gefallen – eine geile Sache, die nach Wiederholung schreit!«

Ein paar Tage später, der Alltag hatte uns längst wieder eingeholt, klingelte es an unserer Haustür. Jürgen stand draußen und gab mir einen gefütterten Brief. »Ist nur eine kleine Urlaubserinnerung. Aber bitte erst heute Abend öffnen!«, sagte er, als er sich wieder von uns verabschiedete.

In dem Päckchen war ein Datenstick mit einer Foto-Datei. Wir warteten tatsächlich bis abends und schoben den Stick dann in unseren Fernseher. Da waren eine Menge Bilder von unserer Fahrt nach Holland drauf. Es begann mit den Fotos, die Jürgen am Strand von Zandvoort geschossen hatte. Dann folgten die Bilder, die der Fotograf von uns vieren gemacht hatte. Und dann kam noch eine Serie mit einem Fotoshooting, bei dem meine Frau im Mittelpunkt stand – Petra in allen möglichen Posen: verträumt am Fenster, auf der Couch im Hotelzimmer, unter der Dusche, nachts auf dem Balkon und auch auf dem großen Bett im Hotelzimmer. Natürlich waren ihre Apfeltitten überall zu sehen, und natürlich war auch ihre Möse ständig im Bild: im geschlossenen Zustand, halb offen und sogar mit einem ordentlichen Rinnsal aus Sperma und ihren eigenen geilen Säften.

Ich muss zugeben, Jürgen ist ein echt ambitionierter Hobbyfotograf. Die Posen, die meine Frau einnahm, und auch die Art, wie sie dabei angezogen war, zeugten von großer Professionalität. Das waren nicht einfach dahingeknipste Nacktaufnahmen. Petra präsentierte sich ihm in immer neuen Dessous, auch manchmal ganz ohne, aber nie vulgär oder obszön. Meine Frau war ein wirklich tolles Model. Sie flirtete richtig mit der Kamera und natürlich auch mit dem Fotografen. Ich war sehr stolz auf meine Frau.

Die letzten beiden Bilder zeigten dann Jürgens Schwanz in voller Länge und dann noch ein Bild, das wohl von oben zwischen ihren beiden Leibern aufgenommen worden war: Jürgens Pimmel bis zum Anschlag in Petras Möse versenkt. Diese beiden Fotos passten zwar nicht zu den vorherigen künstlerischen Bildern, machten uns beide aber auf einen Schlag ziemlich geil. In Nullkommanix flogen unsere Klamotten auf den Boden, und wir gingen noch im Wohnzimmer auf unserem Sofa in den Nahkampf über.

Der heiße Treppenfick

Unsere Ehe war etwas eingeschlafen, also eigentlich nur unser Sexualleben. Es fehlte das Feuer. Der Alltag hatte uns eingeholt. Und so war oftmals irgendetwas anderes einfach wichtiger als Sex. Komisch, nicht?

So saß ich an einem stinknormalen Sonnabend mal wieder vor dem Fernseher: Sportschau mit Bundesliga. Während ich meine Frau Birgit in der Küche hantieren hörte, lief in der Glotze mein Standard-Programm ab: 3. Liga, 2. Liga und endlich 1. Liga! Ich kannte die Ergebnisse zwar schon aus dem Radio und von meinem Smartphone, aber jetzt wollte ich die Tore auch sehen – live und in Farbe!

Dann registrierte ich plötzlich einen Schatten hinter mir. Birgit hatte sich hinter mein Sofa gestellt und hielt mir mit beiden Händen die Augen zu. Dabei drückte sie meinen Kopf kräftig gegen ihren schönen Busen. »Ich habe hier noch zwei schöne Bälle für dich«, sagte sie.

Ich drehte mich um und konnte sehen, dass sich meine Frau für mich geil zurechtgemacht hatte. Soweit ich es hinter der Sofalehne erkennen konnte, trug sie nur ihren neuen schwarzen Catsuit. Ich hatte ihn ihr zum Geburtstag geschenkt, aber nur ganz beiläufig neben einer hübschen Kette mit passenden Ohrsteckern. Ich hatte mir davon etwas zusätzliches Feuer für unser Sexualleben versprochen – bisher jedoch vergebens!

Und nun trug sie dieses verführerische Nichts, das eigentlich nur aus Löchern bestand, ging um unser Sofa herum und baute sich vor dem Fernseher auf. Mit geilen Bewegungen setzte sie ihren Alabaster-Körper optimal in Szene. Obwohl der Catsuit keine Körbchen und Stangen hatte, präsentierte sich ihr strammer Busen in dem Netzbody dank einiger Abnäher in bestechender Form. Ihr kleines Bäuchlein lud zum Kuscheln ein, und ihr Knackarsch war – wie immer – eine Augenweide. Und natürlich konnte ich bei ihren geilen Bewegungen auch mehrmals einen Blick auf ihre dunkelrote Möse erhaschen.

Noch aber war mir der Fußball wichtiger. Und so blickte ich mal rechts und mal links an ihrem geilen Body vorbei, um noch etwas von der Zusammenfassung des Spiels Dortmund gegen Berlin mitzubekommen.

Das konnte Birgit kaum gefallen, dafür hatte sie sich nicht so herausgeputzt. Sie kam direkt auf mich zu, ging vor mir in die Knie und machte sich an meiner Hose zu schaffen: Gürtel auf, Reißverschluss runter, und schon verschwand ihre rechte Hand in meinem Slip. Ein großer feuchter Fleck machte mehr als deutlich, dass mich Birgits Turnerei vor dem Fernseher nicht kalt gelassen hatte.

Und schon hatte sie meinen bereits recht steifen Riemen aus seinem Gefängnis befreit und strich mit einem Finger zärtlich über meine Eichel. Dort hatte sich so viel Vorfreude gebildet, dass Birgit unbedingt daran riechen und davon kosten musste. Sie schob sich den eingeschleimten Finger erst unter ihre Nase und steckte ihn sich dann in den Mund, wo sie ihn genüsslich abschleckte.

Jetzt zog sie ihren Finger mit einem schmatzenden Geräusch wieder aus dem Mund, fuhr sich damit zwischen ihre Beine und steckte sich zwei Finger in ihre hitzige Mitte. Mehrfach drehten sich die beiden Finger in ihrem feuchten Loch, bevor sie ihre Hand wieder hervorholte und mir nun ihre Finger zu kosten gab. Gleichzeitig nahm sie meinen Schwanz tief in den Mund und bearbeitete ihn mit den Lippen und mit ihrer Zunge.

Das Fußballspiel hatte für mich endgültig seinen Reiz verloren, ich sehnte mich nach Nähe, Wärme und Sex. Das war Birgit natürlich auch klar. Ich musste nur kurz den Po anheben, und schon hatte sie mir Jeans und Slip bis zu den Knien heruntergezogen. So musste ich verharren, denn zielstrebig war sie breitbeinig auf mich gestiegen und hatte sich mit einem Schwung gepfählt. Ich umfasste ihre festen Hinterbacken und unterstützte sie bei ihren Auf- und Abbewegungen auf meiner Lanze.

Dann aber hielten wir ein, denn wir wollten beide jetzt keine schnelle Nummer, sondern möglichst lang anhaltenden, befriedigenden Sex. Wir standen auf und ich zog Birgit an der Hand in den Flur hinaus. Als sie dann vor mir die Treppe nach oben zu unserem Schlafzimmer hochgehen wollte, hielt ich sie zurück: »Wir haben ja noch Socken an«, sagte ich. »Lass uns lieber auf allen vieren die Treppe hochgehen!« Und dann schob ich noch hinterher: »Und ich werde dich dabei auf jeder Stufe von hinten ficken!«

Gesagt, getan! Birgit ging in die Knie und hielt sich an der dritten Treppenstufe fest. Ich brachte mich und meinen Schwanz hinter ihr in Position und führte ihn zu unserer Begeisterung in ihre mittlerweile triefend nasse Möse ein.

Jetzt zog sie ein Bein eine Stufe hoch, und mein kleiner Freund wurde dabei automatisch in ihrem Loch hin und her geschoben – für uns beide ein absolut geiles Gefühl!

Birgit fasste auf eine höhere Treppenstufe und zog dabei das andere Bein nach. Wieder dieses tolle Erlebnis: Mit den ihre Lage verändernden Beinen veränderte sich jedes Mal auch die Lage ihres Arsches. Mein Schwanz, der dabei fest in ihr steckte, bekam so ständig neue Anstellwinkel geboten. Und ihre Scheidenmuskeln waren auch nicht untätig und massierten meinen Freund so kräftig durch, dass ich bald nicht mehr an mich halten konnte.

Etwa auf der Hälfte der Treppe passierte es. Ich konnte den geballten Reizen nicht länger widerstehen und bekam einem gewaltigen Orgasmus. Mit großer Wucht schossen meine Säfte aus mir heraus und brachten die Liebesgrotte meiner Frau fast zum Überlaufen.

Unser Treppen-Experiment war hier natürlich leider zu Ende. Wir werden es mit Sicherheit noch einmal wiederholen! Auch auf den oberen Stufen muss ja noch gefickt werden.

Jetzt gingen wir aber erst mal in unser Schlafzimmer und kuschelten uns unter der Decke eng aneinander. An meinem linken Bein konnte ich deutlich spüren, wie meine Säfte aus Birgits Möse liefen und an meinem Oberschenkel kleben blieben. Das machte mich wahnsinnig geil.

Und auch der Sex-Geruch, der intensiv unter der Decke hervorströmte, machte mich so heiß, dass ich innerhalb kürzester Zeit wieder einen Steifen hatte. Diesmal kam auch Birgit zu ihrem Recht.

Wildes Treiben zu Dritt

Ich hatte Ole angerufen, meinen besten Freund. »Du, Ole, die geile Tante vom Sandweg hat uns morgen zum Fußball gucken eingeladen. Bayern spielt in der Champions League.«

»Rosi? Nein, nicht schon wieder! Mensch, Werner, die legt doch wieder irgendeinen Porno rein und will von uns gefickt werden.«

»Ja, mag sein, aber morgen wollen wir vorher noch grillen. Rosi hat einen neuen Fernseher, einen Breitband-LED-TV. Den will sie uns vorführen. Und jetzt Schluss der Debatte! Ich hole dich um siebzehn Uhr ab.«

Rosi, die eigentlich Rosemarie heißt, aber von allen nur Rosi genannt wird, musste sich im wahren Leben hinter ihrer berühmten Namensvetterin Rosi Nitribitt nicht verstecken. Rosi war so ungefähr das geilste Stück, das ich kannte - total schwanzgeil und offen für alles. Ja, für alles!

Einmal fuhren wir in meinem Auto durch unsere Stadt, als sie plötzlich Lust bekam, mir einen zu blasen. Sie befreite mein bestes Stück während des Fahrens aus der Hose, legte sich quer über meinen Schoß und begann, an meinem Schwanz zu saugen und zu lecken. Zum einen war es mir durch ihren fülligen Oberkörper auf meinem Schoß kaum noch möglich, das Auto vernünftig zu lenken, von einem Gangwechsel gar nicht zu reden, zum anderen boten wir an jeder Ampel ein tolles Schauspiel. Als es mir kam, hat sie zum Glück die meiste Sahne gleich geschluckt, aber einige Spritzer landeten doch auf dem Armaturenbrett und ließen sich tags darauf nur mit Mühe entfernen.

Ein anderes Mal war ich mit Rosi über Land unterwegs, als wir an einem kurz vor der Ernte stehenden Maisfeld vorbeikamen. »Oh, geil, lauter Naturvibratoren«, rief sie. Ich musste also anhalten und den Wagen abstellen.

Flugs war sie ausgestiegen und lief so schnell mit tippelnden Schritten zu dem Maisfeld zurück, dass ich kaum hinterherkam. Sie pflückte sich zwei besonders dicke Maiskolben und schälte sie ab. Dann gingen wir zu einer nahe gelegenen Wiese, die durch ein Gebüsch von der Straße aus nicht eingesehen werden konnte. Rosi setzte sich auf ihre vier Buchstaben und schob sich den ersten Maiskolben in ihre Möse. Und dann flutschte der Naturpimmel in ihrem Loch hin und her, bis sie ihn vollkommen eingeschleimt wieder herauszog.

»Der passt jetzt auch gut hinten rein«, sagte sie mehr zu sich selbst. Denn schon fickte sie sich mit dem Maiskolben in den Arsch. Klar, dass der zweite Maiskolben jetzt noch vorn rein musste. Rosi hatte einen Riesenspaß daran, sich mit den beiden Naturdildos selbst in beide Löcher zu ficken.

Dann fiel ihr wohl wieder ein, dass ich ja auch noch da war. Sofort ging sie mir an die Hose, holte meinen Steifen heraus und fing an, mir herzhaft einen zu blasen. Ihre eigenen Fickaktivitäten mit den beiden Maiskolben stellte sie dabei aber nicht ein. Schließlich entschied sie sich dann doch für das Original, ließ den Pimmel-Ersatz in ihrer Möse durch heftiges Kontrahieren ihres Unterleibs fast einen Meter weit durch die Luft fliegen und ließ mich endlich ran.

Ich war als Zuschauer schon so scharf geworden, dass ich mich umgehend in sie versenkte, losratterte wie eine Nähmaschinennadel und auch ganz schnell kraftvoll in ihr kam. Dass der andere Maiskolben dabei immer noch in ihrem Po steckte, muss ich nicht erwähnen.

Einmal hatte sie sich mit einem mir nur flüchtig Bekannten verabredet, der gerade auf Sylt arbeitete. »Wie kann ich dich erkennen?«, hatte der vorher am Telefon gefragt, weil dies sein erstes Date mit Rosi war.

»Ich trage Ostfriesennerz und Gummistiefel, wie es sich für eine Insel gehört«, hatte Rosi vielleicht etwas zu schnippisch geantwortet. An der Gangway erkannte er Rosi an ihrem Outfit dann auch sofort, zumal es gar nicht regnete und eigentlich herrlichstes Inselwetter war. Und als sie sich dann zu ihm in seinen Dienstwagen setzte, bemerkte er, dass sie unter dem Regenmantel vollkommen nackt war. Weil er etwas konsterniert guckte, sagte sie: »Ich hatte dir doch gesagt, was ich anziehe. Und nun fahr los!«

Und an einem schönen Sonntag hatte ich mal mit Rosi einen Waldspaziergang gemacht. Mir war aufgefallen, dass sie mehr als sonst im Unterholz hin und her hüpfte – wie ein junges Reh. Und plötzlich - wie aus dem nichts – wollte sie von mir gefickt werden. Ich schaffte es gerade noch, sie etwas ins Dickicht zu ziehen, wo sie umgehend ihren Rock hoch rollte und mir ihren fetten Arsch präsentierte. Dass sie mal wieder keinen Slip anhatte, muss ich wohl nicht erwähnen. Ich war so geil, dass ich mein Rohr in einem Zug in sie hineinstieß. Dabei kollidierte ich allerdings mit zwei Liebeskugeln. Da war mir auch die Ursache ihrer Geilheit klar.

Jetzt hatten wir aber ein Problem, denn bei meinem rasanten Eindringen hatte ich die Rückholschlinge mit in ihr Loch gestopft. Ich musste ihre Möse dann so lange weiten, bis ich mehrere Finger in sie hineinbekam und den blöden Faden endlich zu fassen bekam und die Liebeskugeln herausziehen konnte. Es wurde dann aber noch ein herrlicher Fick.

Noch einen Beweis für Rosis unberechenbare Geilheit? Wenn sie in der Disco einen Typen toll fand, führte sie kurzerhand beim Tanzen seine Hand unter ihren Rock und ließ ihn an ihrer Möse spielen, die ohne Härchen und natürlich auch ohne Slip immer eine Einladung war. Die Typen waren danach schnell mit ihr von der Tanzfläche verschwunden, meistens in Richtung Parkplatz für eine schnelle Nummer auf dem Rücksitz.

Ich konnte mir lebhaft vorstellen, dass Rosi schon etliche Pizzaboten verführt, mit dem Gasmann eine heiße Nummer geschoben und sich beim Schornsteinfeger ein schwarzes Loch geholt hat.

Egal! Ole und ich kamen jedenfalls an dem folgenden Tag kurz nach fünf im Sandweg an und betätigten den Klingelknopf. Rosi machte uns in einem Mini-Bikini die Tür auf und ließ uns eintreten. Ihre Bekleidung bestand vorn aus drei winzigen Dreiecken und hinten aus einem dünnen Faden, den man auch nur erahnen konnte, weil er unsichtbar in ihrer Poritze klemmte.

»Hallo, Jungs!«, sagte Rosi, obwohl wir bereits auf Mitte dreißig zugingen und sie selbst auch nur zwei Jahre jünger war. Egal. »Nehmt euch doch schon mal ein Bier aus dem Kühlschrank und baut auf der Terrasse den Grill auf. Ich will mich noch etwas in die Sonne legen«, sagte sie und verschwand mit heftig wackelnden Arschbacken durch die Terrassentür.

»Ein Bier ist immer gut«, sagte Ole und marschierte vor mir in die Küche. Wir rissen jeder eine Dose Bier auf und setzten sie gleich an, ein Glas brauchten wir nicht. Dann folgten wir Rosi in den Garten.

Sie hatte es sich in der Sonne auf einer hölzernen Gartenliege bequem gemacht, was bedeutete, sie hatte ihre Dreiecke abgelegt und präsentierte uns ihren makellosen nackten Körper: ein hübsches Gesicht, lange dunkelbraune Haare, riesige Euter, recht passable Beine und in ihrer Körpermitte im entspannten Zustand nur einen kleinen Schlitz, der natürlich nicht von krausen Härchen überwuchert wurde, sich aber bei aufkommender Geilheit in eine riesige gefräßige Möse verwandeln konnte.

Wir kümmerten uns erst einmal um den von Rosi auf der Terrasse bereitgestellten Grill. Sie würde schon noch früh genug über uns herfallen, da war ich mir sicher, Ole sich übrigens auch.

Wir schütteten einen Sack Kohlen auf den Grill, legten zwei Anzünder dazu und machten Feuer. Dann hatten wir eine halbe Stunde Pause - Zeit genug für eine zweite Dose Bier.

Als wir das Fleisch auf den Grill gelegt hatten, erhob sich Rosi von ihrer Liege, legte überflüssigerweise wieder ihre strategisch positionierten Dreiecke an und ging mit ihrem wackelnden Hinterteil an uns vorbei, um uns beim Schließen der Terrassentür mitzuteilen: »Ich werde mir jetzt für euch etwas Passenderes anziehen.«

Nach knapp zwei Minuten kam sie wieder. Sie trug jetzt ein flatteriges hellblaues Spielhöschen aus einem seidenartigen Stoff (wahrscheinlich wieder ohne Slip) und eine weiße Bluse mit Früchtedruck, die sie lässig unter der Brust geknotet hatte.

Rosi setzte sich zum Essen uns gegenüber, damit wir sie bewundern konnten.

»Was möchtest du denn zuerst haben?«, fragte Ole.

»Für eure zwei Würstchen könnte ich mich sofort erwärmen«, kam prompt die Antwort.

»Hör auf mit dem Blödsinn!«, sagte Ole schon etwas ärgerlich. »Hackfleischröllchen, Nacken oder Bauch habe ich gemeint.«

»Dann serviere er mir ein Nackensteak«, sagte Rosi jetzt sehr geziert.

Ansonsten verlief das Essen eigentlich gesittet ab, wenn man davon absieht, dass sich Rosis Flatterhöschen voll in ihre Ritze gezogen und prompt ein dunkelblauer Fleck entstanden war, der sich zusehends ausbreitete. Wir wussten nicht, was sie dachte oder was sie mit uns vorhatte, auf jeden Fall lief Rosi jetzt schon aus.

Dass wir diese eindeutige Reaktion in ihrem Schritt bemerkt hatten, ließen wir uns nicht anmerken. Wir wollten ja erst Fußball gucken.

Rosi zeigte uns voller Stolz ihren neuen Fernseher, der wie ein Bild an der Wand hing - groß wie ein alter Ölschinken. Das Bild war fantastisch, klar und mit natürlichen Farben. Es lief gerade eine Tiersendung auf Arte. Nun aber schnell umschalten und Fußball gucken, machten wir Rosi unmissverständlich klar, die uns augenscheinlich lieber ein anderes Programm präsentiert hätte.

Ole und ich machten uns jeder eine weitere Dose auf und ließen uns von den bewegten Bildern in den Bann ziehen. Bayern führte sehr schnell, danach flachte das Spiel leider etwas ab.

Das musste auch Rosi mitbekommen haben, denn in der Halbzeitpause vollführte sie vor uns einen regelrechten Schleiertanz. Sie hatte sich hierzu wieder umgezogen, trug jetzt ein schwarz-lilafarbenes Negligé und einen dazu passenden Slip, natürlich ouvert. Auf ihre Brustwarzen hatte sie goldene Mini-Wäscheklammern gesetzt, die mit einem Goldkettchen miteinander verbunden waren.

Ihr Tanz machte uns ganz schön heiß, aber noch wartete auf uns ja die zweite Halbzeit des Fußballspiels. Das musste auch Rosi akzeptieren, wenn auch mit einem kleinen Schmollmund. In einer dreiviertel Stunde würden wir uns aber um sie kümmern – versprochen!

Und dann fielen die Gegentore: Elfmeterschießen! Das interessierte Rosi überhaupt nicht. »Hosen runter!«, kommandierte sie, kniete sich vor uns und begann, abwechselnd unsere bereits strammstehenden Pimmel mit den Händen und mit ihrem Mund zu verwöhnen. »Ich blase ja so gern Schwänze«, erläuterte sie.

Dass uns weiterhin die Möglichkeit blieb, über sie hinweg das Elfmeterschießen zu verfolgen, sei hier nur am Rande erwähnt. Auch wir standen jetzt kurz vor dem Einlochen.

Mit dem Siegtor für die gegnerische Mannschaft schaltete der Fernseher wie von Geisterhand auf einen heißen Pornofilm um - Rosi kannte sich mit der Bedienung ihres neuen Fernsehers offensichtlich bereits perfekt aus.

Der riesigen Titten und Mösen in Großaufnahme auf dem TV hätte es aber gar nicht bedurft. Ole und ich griffen jetzt bei Rosi beherzt zu, kneteten ihren Busen ordentlich durch und zwirbelten an ihren Nippeln, von denen sie die Klammern wieder abgenommen hatte.

Dann musste sie sich entscheiden, oder auch einer von uns, wer zuerst an ihre Möse durfte und wer mit seinem Pimmel weiterhin in ihrem Mund herumstochern konnte. Schnell war aus uns dreien ein kaum entwirrbares Knäuel geworden. Unsere Hände waren überall. Unsere strammen Schwänze und Rosis nasse Möse waren voll in Aktion. Unsere Münder waren hier am Lecken, da am Blasen und dort am Küssen. Wir gaben als wilder Dreier ein saugeiles Bild ab, wahrscheinlich noch deutlich geiler als die mehr oder weniger steril vor sich hinfickenden Darsteller auf dem Bildschirm. Wir boten darüber hinaus eine authentische Geräuschkulisse; es schmatzte und gluckste nur so. Man kann über Rosi sagen, was man will, aber das Ficken hatte sie verdammt gut drauf. Sie hatte überhaupt keine Mühe, uns beide gleichzeitig auf Trab zu halten.

Dazu trug auch bei, dass sie während unserer Orgie eine kleine Kiste unter ihrer Couch hervorgezaubert hatte, die Vibratoren in allen Farben und Größen enthielt. Darunter auch spaßige Dinge wie einen Maiskolben aus Latex (Sie erinnern sich?) und eine nachgemachte gelbe Banane, aber natürlich auch solche, die einem Männerschwanz täuschend ähnlich sahen. Die meisten hatten einen zweiten Aufsatz für den Po. Auch gab es reine Analvibratoren, die deutlich dünner und meistens aus schwarzem Latex waren. Es bereitete Rosi immer große Freude, Ole und mich mit einem solchen Teil noch mehr zu anzuheizen, was dann natürlich wieder Rosi zugutekam. Geben und nehmen, das war ihr Motto.

Und da Ole und ich auch ein eingespieltes Team waren, hatte sie ihre helle Freude an uns beiden und unseren knackigen Körpern. Das wilde Gerammel mündete schließlich in einem Riesen-Orgasmus, der uns alle drei fast gleichzeitig überrollte und uns wild durch die Gegend spritzen ließ.

Danach fielen wir ermattet zurück und machten den Fernseher aus. Wir konnten das hirnlose Gerammel auf dem Bildschirm einfach nicht mehr sehen.

SCHWEDENSEX

»¡Hola, bienvenida! Soy Hans.« Mit diesen Worten begrüße ich meine Gäste. Ich leite ein kleines Hostel auf La Gomera. Von Beruf bin ich eigentlich Koch und bin als Smutje über alle sieben Weltmeere gefahren. Dann habe ich hier auf der kleinsten Kanaren-Insel als Saisonkoch angeheuert und bin geblieben – bis heute.

Durch eine kleine Erbschaft war es mir vor ein paar Jahren sogar möglich gewesen, das Hostel zu kaufen. Mein Besitz liegt an einer Steilküste von La Gomera. Zu dem kleinen Sandstrand, der etwa fünfzehn Meter tiefer liegt, führt ein schöner Weg durch den immergrünen Lorbeer- und Eukalyptuswald, der gleich hinter meinem Hostel anfängt. Über 160 tropische und subtropische Fruchtbäume kann man hier ebenfalls finden - von Avocados über Guaven bis zur japanischen Wollmispel.

Neben dem Haupthaus mit dem großen Salon und Nebenräumen sowie sechs Schlafzimmern im Obergeschoss gibt es noch eine ausgebaute Remise, die die große Küche und Vorratsräume sowie einen Wellnessbereich mit einer großen begehbaren Dusche, einer kleinen Sauna und dem Sanitärbereich umfasst.

Unsere Mahlzeiten nehmen wir meist im Innenhof auf einer von Bougainvillea überrankten Terrasse ein. Dort gibt es auch ein kleines Stück richtigen Rasen, einen Gemüse- und Kräutergarten sowie eine Außendusche.

Zu mir kommen meist junge Leute, die dann eine oder auch zwei Wochen bleiben. Neben Sonnen und Schwimmen steht bei vielen Wandern auf dem Plan. Außerdem gibt es etwa vier Kilometer von mir entfernt einen kleinen Ort, in dem sich auch eine Sprachschule angesiedelt hat.

Wie allgemein in den Hostels üblich kochen wir meist zusammen und nehmen auch unsere Mahlzeiten in der Gruppe ein. Für den Küchendienst wird man eingeteilt, zum Abwasch und Reinigen der Räumlichkeiten ebenfalls – ich habe nämlich weder einen Koch noch eine Putzfrau.

Bei den vielen jungen Leuten bleibe auch ich jung. Mit meinen zweiundfünfzig Jahren zähle ich auch noch nicht zum alten Eisen, und der Altersunterschied zu meinen Gästen stellt kaum ein Problem dar. Sie behandeln mich also nicht wie ihren Vater oder Opa, sondern eher wie ihren großen Bruder.

Dieser ungezwungene Umgang ergibt sich auch aus der Tatsache, dass wir angesichts des dauerhaft warmen Klimas meist nur wenig bekleidet oder ohne Scheu auch ganz nackt herumlaufen.

So war es auch an einem Vormittag, als alle anderen Gäste den Weg zum Strand genommen hatten und nur zwei Schwedinnen am Haus geblieben waren und sich mit einer Decke nackt auf den kleinen Rasen gelegt hatten. Die beiden waren knapp zwanzig und hatten noch knackige Figuren. Ich hatte mich im Schatten auf eine Bank gelegt, die nur etwas breiter als eine Bierzeltgarnitur war, aber deutlich niedriger und stabiler; sie war sogar im steinernen Boden verankert.

Ich war dann wohl schnell eingeschlafen und hatte nicht mitbekommen, dass die beiden Schwedinnen mir das Hemd aufgeknöpft und den Reißverschluss meiner Shorts geöffnet hatten. Als ich wach wurde, stand die eine breitbeinig über meinem Oberkörper, rieb mir mit ihrem Busen übers Gesicht und rutschte mit ihrem Geschlecht unruhig auf meinem Bauch herum. Die andere hatte sich neben mich gekniet und lutschte und knabberte an meinem Schwanz herum, den sie aus den Boxershorts befreit hatte.

»Na, alter Mann! Wir wollen dir mal eine kleine Freude machen. Recht so?«

Ich wusste gar nicht, was ich auf diese Frage antworten sollte. Mein tiefes Stöhnen haben sie dann wohl als Aufforderung angesehen, weiterzumachen. Auf jeden Fall hielt mir die eine jetzt ihre Pflaume direkt vors Gesicht, sodass ich gar nicht anders konnte, als meinen nassen Lappen auszufahren und längs durch ihre Spalte zu lecken. An ihrem Kitzler verharrte ich etwas länger, weil ihr Stöhnen mich in meinem Tun bestätigte.

Inzwischen hatte die andere – unter meiner leichten Mithilfe – meine Hosen ganz heruntergestreift und sich selbst gepfählt. Jetzt ritt sie schön langsam auf mir herum. Oben Möse lecken und unten von einer engen Fotze gefickt werden – herrlich! Ich freute mich jetzt, dass die Bank so stabil war und unter unserer Rammelei nicht zusammenbrach.

Schwedinnen müssen ja wohl sehr sozial eingestellt sein und alles teilen, ging es mir dann durch den Kopf. Denn jetzt tauschten sie ihre Stellungen und machten dann umgehend mit ihrer lustvollen Tätigkeit weiter. Die von mir zuvor fein angeleckte kam als Erste; sie explodierte richtiggehend über meinem Schwanz, der seinen heißen Saft in ihre Möse katapultierte. Als ich mich jetzt für die Wohltaten erkenntlich zeigen wollte, indem ich der anderen zärtlich in den Kitzler biss, war auch bei ihr der Punkt der Zurückhaltung überschritten. Aus ihrer Möse floss der Geilsaft in ganzen Bächen und tropfte auf meinen Hals.

Ich wurde dann noch einmal von beiden ordentlich gedrückt und mit kleinen Küssen überschüttet. Dann gingen wir zu dritt unter die Dusche. Als wir gerade mit Abtrocknen fertig waren, kamen die ersten Gäste vom Strand zurück.

An einem anderen Tag kam ich zufällig in den Wellnessbereich, als sich dort eine neunzehnjährige Studentin aus Heidelberg (woher auch sonst?) in der Dusche ihre Möse rasierte. Sie hatte sich einen kleinen Hocker mit in die Dusche genommen und einen Fuß daraufgestellt, sodass ihre Fotze leicht geöffnet war.

Ich wollte gleich wieder umdrehen, doch sie hielt mich zurück: »Hey, Hans, bleib doch hier! Du kannst mir eben helfen. Den Bereich in Richtung Damm und Poloch kriege ich allein nicht so gut hin.«

Das junge Ding wollte also wirklich von mir, dass ich ihr die Möse rasierte. Na gut. Ich hatte sowieso nur eine Unterhose an und kam jetzt zu ihr in den Duschbereich, wo sie mir gleich meinen Slip herunterstreifte, sodass wir beide komplett nackt waren.

Dann setzte sie sich auf den Hocker, öffnete ihre Schenkel und hob ihre Beine weit an, sodass ich ein schönes Rasierfeld bekam. Das heißt: ihre Möse, ihr Damm und ihr Arschloch lagen jetzt direkt vor meiner Nase. Ich griff noch einmal nach ihrem Rasierspray, sprühte etwas auf ihren Unterleib und verrieb den Schaum dort mit wachsender Begeisterung, was sich auch an meinem inzwischen bereits wippenden Schwanz zeigte.

»Den muss ich wohl etwas festhalten«, sagte sie, griff nach meinem besten Stück und drückte es wieder herunter.

Dann machte ich mich an ihrem Dreieck an die Arbeit. Während sie oberhalb ihrer Spalte schon gut vorgearbeitet hatte, musste ich jetzt an beiden Seiten neben ihrer Möse in Aktion treten. Ich steckte dafür jeweils zwei Finger in ihre Fotze und zog ihre Schamlippen etwas auseinander, um die Hautfalten zu glätten. Dann konnte ich mit der Rasur beginnen. Auf ihrem Damm und weiter in Richtung Arschloch musste ich besonders vorsichtig sein, um sie nicht mit dem Rasierer zu verletzen.

Schließlich nahm ich den Duschschlauch und brauste sie untenrum schön ab, bevor ich sie sorgfältig abtrocknete und zwischen ihren Beinen etwas von meinem After Shave Balm verteilte.

Das Gel muss auf der gereizten Haut wohl doch etwas gebrannt haben, denn sie zuckte einmal. Dann griff sie jedoch wieder nach meinem Schwanz und sagte: »Jetzt will ich noch eine weitere Behandlung – diesmal aber inwendig!«

Sie beugte sich jetzt etwas vor, stützte sich an der Wand leicht ab und streckte mir ihren knackigen Arsch einladend entgegen. Ich ging aber davon aus, dass ihre durch ihre Beine lugende Fotze von mir bespielt werden sollte, und setzte dort mein Rohr an. Mein Schwanz flutschte fast wie von selbst und praktisch ohne fühlbare Reibung in sie hinein – so geil war sie von der Rasur.

»Steck ihn mir doch heute mal hinten rein«, forderte sie denn auch prompt. Ich tat ihr (und mir) gern den Gefallen, drehte meinen Prügel in ihr Arschloch und begann, ihren Darm zu beackern. Auch ich war von der Rasur und von dem scharfen Erlebnis mit dem jungen Ding so aufgegeilt, dass es mir bald kam und ich ihr meinen heißen Ficksaft in die Därme jubelte.

Als ich dann das Badezimmer wieder verlassen wollte, rief sie mir noch hinterher: »In vierzehn Tagen bist du wieder dran, Alter. Ich meine natürlich mit Rasieren, denn dann sind meine Härchen wieder nachgewachsen.«

Eines Tages beschlossen meine Gäste, die Sommersonnenwende zu feiern, auch wenn das mitten im Herbst war – egal. Wir haben Blumenkränze geflochten und sind den ganzen Tag nackt herumgelaufen. Dazu gehörte auch ein gemeinsames Bad unten am Privatstrand des Hostels. Danach haben wir uns alle von der Sonne trocknen lassen.

Abends wurde gegrillt; es gab Hamburger sowie kleine Schweine- und Rindersteaks, die ebenfalls in einem Brötchen serviert wurden. Im Laufe des Tages hatten sich einige Paare gefunden, die jetzt gemeinsam auf den Zimmern verschwanden oder sich ganz locker auf der kleinen Rasenfläche vergnügten. Mir fiel auf, dass sich ein schon etwas älteres belgisches Ehepaar nicht an dem lustigen Treiben beteiligte.

Ich spendierte eine Flasche Wein und zog mich mit ihnen etwas zurück. Die Frau gestand mir, dass sie mit ihrem Mann keinen Verkehr mehr habe. Er habe Potenzprobleme, sagte sie.

Ich berichtete von einem Mittel der Guanchen, dessen Zutaten hier auf La Gomera geerntet würden, das aber auf der Insel nur noch von einem Apotheker vertrieben werde. Das würde ich beschaffen.

Nach ein paar Tagen baten mich die Belgier, zu ihnen ins Schlafzimmer zu kommen. Die Frau saß nackt im Bett und versuchte, sich mit einer großen Mohrrübe zu befriedigen, die sie sogar in einen Pariser eingewickelt hatte. Ihr Mann saß, ebenfalls nackt, neben ihr im Bett und beobachtete, wie sie sich mit der Wurzel abquälte.

Ich holte eine unscheinbare Tablette aus meiner Hemdtasche und löste sie in einem Wasserglas auf, das ich dem Mann als Stärkungsmittel zu trinken gab. Dann zog auch ich mich aus, nahm der Belgierin die Mohrrübe aus der Hand und ließ sie stattdessen an meinem Schwanz nuckeln. Ihrem Mann passte das gar nicht so richtig, er sagte aber nichts. Dann streichelte ich seine Frau ganz gefühlvoll und schwärmte von ihren Vorzügen: für eine 60-Jährige habe sie noch eine tolle Figur und sei insgesamt recht fit, sodass er sich doch sehr glücklich schätzen könne.

Dann teilte ich das Büschel ihrer langen, krausen Schamhaare und steckte vorsichtig meinen Zeige- und Mittelfinger in ihre Möse, die umgehend feucht wurde. Ich ließ ihren Mann an meinen eingeschleimten Fingern riechen und schmierte ihm dabei sogar etwas unter die Nase.

Dann sortierte ich die Schamhaare der Belgierin wieder schön auseinander, schob ihr meinen inzwischen recht strammen Schwanz ins Loch und fing an, sie zu ficken. Jetzt protestierte ihr Mann aber ganz energisch. So habe man das aber nicht vereinbart. Ich überließ ihm deshalb jetzt seine Frau, die sich daraufhin umdrehte, sich auf seinen ebenfalls steif gewordenen Schwanz setzte und jetzt ganz normal mit ihm ficken konnte. Als die Rammelei noch mehr an Fahrt aufnahm, schnappte ich mir meine Klamotten und schlich aus dem Zimmer.

Am nächsten Tag haben sie mir im Ort eine teure Flasche Rotwein gekauft. Nach dem Potenzmittel haben sie nicht mehr gefragt, es war ohnehin nur Traubenzucker.

Im Gedächtnis haften geblieben ist mir auch das Erlebnis mit einer Frau mittleren Alters, die unbedingt einmal bei Mondschein im Atlantik schwimmen wollte. Sie fragte mich, ob ich sie hierbei begleiten würde, weil sie sich in der Dunkelheit etwas fürchten würde.

Ich willigte ein, und eines schönen Tages – es waren bei völliger Dunkelheit abends um neunzehn Uhr noch vierundzwanzig Grad Celsius – haben wir beide uns mit unseren Badetüchern auf den Weg durch den Lorbeerwald hinunter zum Strand gemacht.

Sie war überglücklich. Der Ozean war glatt wie ein Kinderpopo und ähnelte mehr einem Binnensee denn dem wilden Atlantik. Wir schälten uns aus den Klamotten und rannten Hand in Hand in die Fluten. Jetzt, Mitte Oktober, lag die Wassertemperatur noch bei etwa zweiundzwanzig Grad Celsius.

Wir tobten im Wasser herum wie die Teenager, schwammen auch recht weit heraus. Als ich ihr dann jedoch eher beiläufig von der Kinderstube der Haie erzählte, bekam sie Panik und beeilte sich, wieder an Land zu kommen. Während sie bei dem schnellen Schwimmen sogar etwas Wasser geschluckt hatte, hatte ich mich vor lauter Lachen verschluckt, sodass wir jetzt beide kräftig husteten.

Als ich dann noch die Sache mit den Haien als Witz erklärte, kam sie auf mich zu und haute mit ihren Armen recht ungelenk auf mich ein. Diese Prügel endeten in einer engen Umarmung.

Dann verkündete sie, dass ich natürlich bestraft werden müsste. Am besten sofort. Ich sollte sie jetzt im Sand kräftig ficken, was ich dann auch als eine nicht ungerechte Strafe ansah.

Ehe ich mich versah, hatte sie sich auf unseren Badetüchern hingekniet und sich meinen Schwanz geschnappt, den sie mir herrlich blies. Schnell wurde er zum Bersten hart, sodass ich ihn eilig in ihrer Möse versenkte. Nur vom Mond beschienen, fickten wir in allen möglichen Stellungen über eine Viertelstunde lang, bis uns beide ein sich bereits an den Fußsohlen ankündigender Orgasmus erlöste.

Nachdem wir uns etwas erholt hatten, nahmen wir noch ein kurzes Bad, diesmal mehr zur Körperreinigung, trockneten uns ab und machten uns auf den Rückweg zum Hostel, wo man uns die Aktivitäten der letzten halben Stunde von der Nasenspitze ablesen konnte.

Natürlich sind diese Begebenheiten nicht der Alltag in einem Hostel, aber es kommt durchaus öfter vor, dass mir mit einer bestimmten Absicht eine Schlafzimmertür geöffnet wird.

Das Ehepaar und die Nachbarin

Wir sind wirklich ein glückliches Paar, Evelyn und ich. Wir sind mit gut vierzig aus dem Gröbsten heraus, können uns etwas leisten und – was noch viel wichtiger ist – wir lieben uns noch immer!

Ich helfe meiner Frau auch oder vielleicht gerade deshalb gern bei der Hausarbeit und im Garten. Wir machen vieles zusammen, damit es schneller geht und weil es gemeinsam einfach mehr Spaß macht.

Und nach getaner Arbeit oder weil wir einfach meinen, dass eine Pause angebracht ist, legen wir uns gemeinsam gern auf unsere Terrasse und genießen die Sonnenstrahlen. Das natürlich nur im Sommer, in der kalten Jahreszeit setzen wir uns einfach gemütlich an einen Tisch, trinken eine Tasse Tee, oder – wenn der Feierabend naht – auch ein Gläschen Wein.

Wir sind Lebemenschen, aber auch keine Luxusmäuschen. Wir lieben es zwar, schick essen zu gehen, müssen aber nicht mit Kaviar um uns werfen, will sagen: es muss nicht unbedingt das teuerste Gericht auf der Karte sein.

Wir planen unsere Urlaube genau und müssen dabei nicht auf jede Mark schauen, Verzeihung: auf jeden Euro. Wir waren schon in Frankreich, Italien, Spanien und Griechenland – alles Sonnenziele. Und wir haben auch schon eine kleine Kreuzfahrt gemacht.

Es ist für uns auch kein Problem, wenn einer mal allein ein paar Tage ausspannen möchte und einen Urlaub für sich bucht. So war Evelyn im vergangenen Jahr für eine Woche auf Kreta. Ich habe ihr die Reise ehrlich gegönnt. Und als sie zurück war, war es für uns beide fast noch schöner. Wir sind gleich im Bett übereinander hergefallen und hatten auch an den darauffolgenden Tagen noch tollen Sex.

Unser Liebesleben spielt sich aber beileibe nicht nur dann ab, wenn Wiedersehensfreude dazu kommt. Nein, wir schlafen oft miteinander, manchmal abends nach dem Ins-Bett-Gehen fast aus Gewohnheit, aber dennoch immer wieder schön und meistens eher spontan aus einer zufälligen Gelegenheit oder Stimmung heraus.

So etwas kann durchaus bei einem Fernsehfilm passieren, der plötzlich einige erotische Szenen hat. Wir haben aber auch eigene Porno-Videos, wenn uns danach ist. Mit den zufälligen Gelegenheiten meine ich auch eine unerwartete Nacktheit des einen Partners, weil der duscht oder sich nur umzieht. Und dazu gehört auch das zufällige Bücken meiner Frau, bei dem ich ihr Höschen hervorblitzen sehe – immer wieder geil!

Evelyn hat eine tolle Figur, einen kleinen, aber recht strammen Busen und einen richtigen Knackpo. Sie ist dunkelhaarig, auch was ihre Schambehaarung angeht, die von mir mit dem Nassrasierer immer schön gestutzt wird.

Jetzt kann ich es erzählen: ein Auge habe ich aber auch auf unsere Nachbarin geworfen, die nur zwei Häuser weiter wohnt. Das ist eine ganz fesche Rothaarige – so wie Senta Berger oder – noch treffender – wie Milva.

Sie hat einen Mordsbusen und elendig lange Beine.

Vor ein paar Tagen habe ich sie zufällig bei unserem Kaufmannsladen um die Ecke getroffen. Hier sollte ich einschieben, dass meine Frau gerade für ein paar Tage zu ihrer Mutter gefahren war.

Wie unter Nachbarn üblich führten wir ein kurzes, zwangloses Gespräch, und dann bat sie mich, ihr den Einkauf nach Hause zu tragen, weil es wohl doch etwas mehr geworden war.

Hilfsbereit, wie ich nun einmal bin, schnappte ich mir ihren großen Einkaufskorb und das schwer gewordene Netz, während sie das Tragen meiner Brötchentüte übernahm.

»Ich heiße übrigens Valentina«, sagte sie auf dem Heimweg zu mir, und ich verriet ihr auch meinen Vornamen: Holger.

In ihrer Wohnung stellte ich die Einkäufe auf dem Küchentisch ab. Dabei rutschte eine Eierpappe oben aus dem Einkaufskorb, öffnete sich beim Aufprall auf dem Tisch, und zwei Eier gingen entzwei. Schlimmer noch: sowohl Valentinas schwarzer Rock als auch meine helle Chinohose hatten ein paar ordentliche Spritzer Eigelb abbekommen.

»Alles kein Problem«, sagte Valentina und führte mich an der Hand in ihr Badezimmer. Dort streifte sie sich wie selbstverständlich ihren Rock ab und nestelte auch gleich an meiner Hose.

»Wollen wir jetzt die Klamotten sauber machen oder ficken?«, fragte ich frech heraus.

»Warum nicht beides?«, sagte Valentina und rollte mit ihren tief dunkelblauen Augen.

Ihre Bluse flog dann fast wie von selbst von ihrem Körper, und als ich sie dann in ihrer geilen schwarzen Wäsche vor mir sah, bekam ich fast Schnappatmung – ein Vamp, wie er im

Buche steht: gewaltige Titten, die ständig ihren BH sprengen wollten, ein alabasterfarbener Körper mit einem flachen Bauch, schier endlose Beine und ein Mini-Slip, aus dem sich an den Seiten kleine rote Härchen kräuselten.

Meine Boxershorts hatten sich umgehend in ein Zirkuszelt mit einem riesigen Mast verwandelt.

Wir hielten uns im Badezimmer jetzt nicht länger auf und eilten Hand in Hand zu ihrem Schlafzimmer. Mein Pimmel machte Bocksprünge vor Freude, als ich Valentinas BH aufknöpfte und mir ihre schönen Titten entgegensprangen. Diese weiche weiße Haut machte mich einfach an, dazu die fein gezeichneten kleinen Vorhöfe und ihre knallharten Brustwarzen, an denen ich natürlich umgehend nuckeln musste.

Valentina griff währenddessen schon nach unten und schnappte sich meinen harten Lümmel. Ich schob mich erst einmal langsam in Richtung Bauchnabel nach unten und streichelte und küsste überall vor Begeisterung ihr zartes, alabasterfarbenes Fleisch.

Dann zog ich ihr den Slip aus, wobei sie gern mithalf. Sie wollte sich mir endlich nackt präsentieren, damit ich ihre natürliche Schönheit bewunderte. Ein Bild von einer Frau, ich war ganz gefangen von diesem Anblick.

Mit meiner Nase durchpflügte ich ihren roten Urwald und steckte im richtigen Moment meine Zunge heraus, um den vorwitzig aus ihrer Spalte lugenden Kitzler zu necken. Valentina ging ab wie eine Rakete!

Sie wühlte sich bei mir unter einem Bein durch und nahm sofort meinen Pimmel in den Mund. Wir hatten ohne große Absprache die 69er Position eingenommen. Ausdauernd lutschte sie meine Eichel, versuchte dabei sogar, ihre Zungenspitze etwas in meine Schwanzöffnung zu schieben, und knetete ständig meine Eier.

Ich leckte Valentinas Möse von oben nach unten und

umgekehrt, machte einmal bei ihrem Kitzler und einmal bei ihrem Arschloch halt. Dann rollte ich meine Zunge fest zusammen und schob sie, so weit es ging, in ihren Lustkanal.

Wir spürten beide, dass dies nicht mehr lange gut gehen würde, und ließen etwas voneinander ab, um unseren nahenden Höhepunkt besser kontrollieren zu können. Wir küssten uns lange und intensiv, und unsere Hände waren die ganze Zeit auf Wanderschaft. Wir sparten jetzt aber bewusst die heißesten Gegenden aus.

Dann hatten wir uns wieder so weit in der Gewalt, dass ich mich zwischen Valentinas Schenkel kniete und mit meinem knallharten, leicht tropfenden Pimmel durch ihre Spalte fahren konnte. Jetzt wollte sie es, sie griff nach unten, schnappte sich meinen Schwanz und steckte ihn sich selbst in ihr nur allzu bereites Fickloch.

Ich glitt wie auf Schienen in sie hinein; ihre geilen Säfte hatten vollständige Arbeit geleistet, die keine Vaseline je ersetzen kann. Ich merkte selbst, dass es irgendwann nicht mehr weiterging. Ich war an ihrem Muttermund angekommen. Es kam aber kein Schmerzschrei über ihre Lippen, ihre Fotze war einfach nur weich und willig.

So konnten wir unser gemeinsames Liebesspiel beginnen. Ich stieß heftig in sie hinein, sie drückte als Antwort ihren Unterleib gegen mich, und als ich meinen Schwanz wieder ein paar Zentimeter zurückzog, melkte sie mich mit ihrer starken Scheidenmuskulatur.

So eine scharfe Nummer von einem so aufgegeilten Paar, bei dem so viel Sehnsucht mitschwingt, kann einfach keine Ewigkeit dauern. Ohne Vorwarnung spritzte ich tief in ihr ab und spürte, dass zum gleichen Zeitpunkt auch Valentina zum Orgasmus kam. Sie umklammerte mich mit aller Macht und grub ihre Fingernägel tief in meinen Rücken.

Lange lagen wir danach einfach nur nebeneinander und sagten kein Wort. Schließlich sagte ich: »Du hast mich so glücklich gemacht, aber es muss bei dem einen Mal bleiben. Ich bin mit meiner Frau glücklich und möchte sie nicht verlieren.«

»Schau doch mal nach rechts auf meinen Nachtschrank«, forderte Valentina mich auf.

Und als ich mich dorthin umdrehte, sah ich dort ein gerahmtes Foto stehen: Valentina und Evelyn Arm in Arm an einem fremden Strand. »Das war im letzten Jahr in Griechenland«, sagte Valentina. »Wir waren sehr glücklich, aber du hast ihr gefehlt. Und jetzt wirst du mir auch fehlen, wenn wir uns nicht wiedersehen können.«

»Was ist das denn?«, sagte ich. »Ihr seid beide etwas bi, und ich weiß nichts davon?«

»Vielleicht können wir ja jetzt, wo wir beide uns auch etwas näher kennengelernt haben, hihihi, zu dritt etwas anstellen?«, sagte Valentina.

»Das müssen wir aber gut planen«, sagte ich. »Und Evelyn möchte ich natürlich genauso überrumpeln, wie du es jetzt mit mir gemacht hast.«

»Schlag was vor!«

»Ich möchte euch beide im Bett überraschen und dann dazukommen.«

»Okay, mein Tipp: donnerstags gehst du doch immer Skat spielen. Dann kommt Evelyn oft entweder zu mir oder ich gehe zu euch rüber. Wenn du am kommenden Donnerstag deine Skatrunde absagst und dich bei mir im Schlafzimmerschrank versteckst, müsste das doch klappen.«

»Guter Vorschlag«, lobte ich und sah nach dem großen alten Eichenschrank, der für diese List wirklich optimal platziert war. »Komm, wir ficken jetzt noch eine Runde, und dann feilen wir an unserem Plan weiter.«

Wir waren genauso scharf aufeinander wie beim ersten Mal. Valentina hatte sich auf meinen hoch erhobenen Mast gesetzt und fickte mich wie wild, während ich mit ihren großen Hupen spielte. Dann änderte sie ihre Position und ließ mich bei ihr hinten rein. Das flutschte fast genauso, nur, dass dieser Kanal deutlich enger war. Ich kam schon nach ein paar Stößen und schoss meinen Saft ab. Zum Dank verwöhnte ich danach ihre Möse mit meinem Mund, bis auch sie einen erlösenden Orgasmus bekam.

Dann besprachen wir weiter unseren Plan, und irgendwann verabschiedete ich mich, denn meine Frau wollte mich heute Abend noch anrufen, und da wollte ich auf jeden Fall zu Hause sein. Sie sollte ja keinen Verdacht schöpfen.

Am Donnerstag verabschiedete ich mich zeitig zu meinem Skatabend, stellte das Auto aber in der Nachbarstraße ab und klingelte bei Valentina. Ich bewunderte erneut ihr Outfit. Diesmal trug sie einen dunkelroten kurzen Lederrock und eine gleichfarbige Corsage. Wir gingen ins Schlafzimmer, wo die Schranktür bereits offenstand. Valentina hatte ein paar Kleider und Mäntel zur Seite geschoben, sodass ich gut darin stehen konnte. Außerdem hatte sie umsichtigerweise an der Innenseite der Tür eine Kordel befestigt, mit der ich die Schranktür zuhalten konnte; wir konnten die Tür ja nicht abschließen. Eine schnelle Nummer war heute leider nicht drin. Ich zog mich schon mal nackt aus und ging in mein Versteck. Der Schrank hatte sogar in Augenhöhe ein Astloch, das wohl vorher mit einem passenden Holzeinsatz verstopft war, mir aber nun einen optimalen Blick auf das große Bett ermöglichte.

Nun hieß es Warten. Gegen zwanzig Uhr klingelte es, und Valentina ließ wohl meine Frau eintreten, die ich an der Stimme erkannt hatte. Die beiden Frauen kicherten etwas und stießen dann mit einem Glas an. Valentina hatte wohl ein Gläschen Sekt bereitgestellt. Dann hörte ich, wie sie die Treppe hochkamen.

»Ich bin so geil, ich könnte dich gleich hier im Flur vernaschen«, sagte Evelyn. So kannte ich meine Frau, immer gerade heraus und immer geil wie Schifferscheiße.

»Halte deine rattenscharfe Möse noch etwas im Zaum«, sagte Valentina. »Lieber dreimal im Bett als einmal hektisch übern Ecktisch«, zitierte sie einen blöden Spruch aus den 70ern.

»Oh, heute gleich dreimal im Bett, wie schön! Da freue ich mich drauf«, sagte meine Frau noch. Dann traten beide Händchen haltend in das Schlafzimmer, die Show konnte beginnen. Sie warfen sich gegenseitig aufs Bett, küssten und streichelten sich. Und dann flogen die ersten Klamotten.

Valentina hatte heute dunkelrote Dessous gewählt, was zu ihrer hellen Haut prima passte. Und unter dem kurzen Kleidchen meiner Frau kam der hellgelbe Spitzen-BH mit dem passenden Höschen zum Vorschein, den ich ihr zu Ostern in einem großen Ei auf den Frühstückstisch gelegt hatte.

Als beide dann ganz nackt waren, war ich von Valentinas rotem Bären wieder total begeistert, mochte aber natürlich auch Evelyns Intimfrisur; schließlich war ich der Friseur gewesen.

Mein Schwanz war schon zum Platzen hart, tropfte langsam vor sich hin und pochte zwischendurch sogar an die Schranktür, was die beiden aber zum Glück nicht hörten.

In der 69er Stellung leckten sich beide bis zum Orgasmus. Ich wäre da schon fast aus dem Schrank gesprungen, wartete aber noch auf meinen optimalen Einsatzzeitpunkt.

Der kam dann. »Soll ich jetzt die Schachtel mit unseren Spielsachen holen?«, fragte Valentina.

»Ganz ehrlich, ich habe heute zu der Dildo-Fickerei eigentlich gar keine Lust«, antwortete meine Frau. »Viel lieber wäre mir jetzt ein strammer Männer-Pimmel, der mich hart durchfickt, bis ich komme«, sagte sie.

»Dein Mann hat doch so einen schönen Schwanz«, sagte darauf Valentina.

»Woher weißt du das denn?« empörte sich meine Frau.

»Daher«, sagte Valentina und zeigte auf ihren Schlafzimmerschrank, aus dem ich jetzt heraustrat, meine Rute steil aufgerichtet vor mir hertragend. Meine Frau bekam den Mund nicht mehr zu.

»Dann wollen wir mal, Schatz«, sagte ich einfach, kniete mich zwischen ihre Oberschenkel und schob ihr meinen Steifen ansatzlos tief in ihre Fotze und fickte ordentlich los.

»Genau das habe ich eben gemeint, du Schuft«, sagte meine Frau zu Valentina, die nur lachte, neben sich langte und nach einem kleinen silbernen Reisevibrator griff, den sie mir zusätzlich in den Arsch schob und gleich auf schnellste Vibration einstellte.

Das bekam Evelyn natürlich auch mit, und so rammelten wir mit hochroten Köpfen hektisch weiter. Bevor wir einen Herzkasper bekamen, stoppte uns zum Glück ein so wohl noch nie erlebter Orgasmus. Wir klammerten uns aneinander, als wollten wir uns nie wieder loslassen. Auch Valentina umarmte uns jetzt, sodass wir ein einziges Knäuel bildeten.

»Stell endlich das Ding ab!«, rief ich, aber da flutschte der Vibrator auch schon brummend aus meinem Hintern.

Wir hatten noch viel zu erzählen in dieser Nacht – erst zu dritt und später dann noch zu zweit in unserem Ehebett. Das hat in den folgenden Wochen und Monaten noch viele Dreier erleben dürfen.

Der Erotikfilm: Mittendrin statt nur dabei

Der Brief lag heute Morgen in der Post. Beinahe hätte ich ihn ungeöffnet weggeworfen. Der Umschlag sah aus wie eine Werbesendung für zukünftige Lottomillionäre oder wechselwillige Stromkunden.

Etwas neugierig gemacht hat mich dann aber das Logo eines bekannten TV-Senders darauf. Und der Brief war an mich persönlich adressiert. Also: aufmachen! Das hatten wir es wieder: »Sie haben gewonnen!« Spätestens bei so einem Satz schmeiße ich Werbepost in den Papierkorb. Doch heute las ich weiter.

»Herzlichen Glückwunsch. Als Hauptgewinner unseres Preisausschreibens winkt Ihnen ein Erlebnistag beim Porno-Dreh der mit uns befreundeten Produktionsfirma Video.com in München. Bitte vereinbaren Sie Ihren Besuchstermin unter ...« Es folgte eine Festnetznummer.

Jetzt war ich aber baff. Ich erinnerte mich knapp, dass ich vor einigen Wochen tatsächlich mal mein Handy zur Hand genommen und einen Gewinncode gesendet hatte. Mein Freund und ich hatten nach Mitternacht auf einem Schmuddel-Sender noch den Anfang eines eigentlich stinklangweiligen Softpornos geschaut, bevor wir uns unseren eigenen Weichteilen gewidmet hatten.

Und nun war ich eingeladen, bei einem Porno-Dreh live dabei zu sein. Ich bin nicht prüde und nackte Körper finde ich grundsätzlich schön – am FKK-Strand oder in der Sauna. Aber bei einem Porno-Dreh?

Ich zeigte den Brief dann mittags meinem Michael, der sich anfangs vor Lachen gar nicht wieder einkriegte. »Verena ist zu einem Porno-Dreh eingeladen! Warum denn nur als Besucher und nicht gleich als Hauptfigur?«, fragte er und hatte schon wieder den nächsten Lachflash.

»Ich finde die Einladung gar nicht so blöd. Ich möchte mir das wirklich mal ansehen«, antwortete ich cool.

»Du willst ja nur wissen, ob die Typen dort wirklich so lange Schwänze haben«, sagte Michael.

Die Richtung, in der sich unser Gespräch jetzt zu entwickeln schien, gefiel mir gar nicht. Deshalb konterte ich: »Und ich werde mich auch erkundigen, ob die Männer alle ein spezielles Viagra nehmen, damit sie so lange können. Dann bringe ich dir natürlich ein paar Pillen mit.«

»Du altes Biest«, sagte er und hob drohend seine rechte Hand. Natürlich würde er mich nie schlagen, aber schon die Drohgebärde fand ich scheiße.

»Okay, ich begleite dich natürlich«, lenkte er jetzt glücklicherweise ein.

»Übrigens, Michael, du brauchst gar kein Viagra. Dein Pimmel steht auch so«, sagte ich, und damit war zwischen uns wieder alles gut.

Schon am nächsten Tag rief ich bei der Produktionsfirma an und bekam einen Termin für den kommenden Freitag. Ich sollte mich morgens gegen zehn Uhr am Tor melden. Die Führung würde den ganzen Tag dauern, also bis etwa siebzehn Uhr.

Ich machte mich an dem Freitag besonders hübsch, zog ein weichfallendes buntes Cocktailkleid an und band einen Seidenschal um meinen Pferdeschwanz. So setzte ich mich hinter Michael auf die Vespa. Wir sahen aus wie in einem alten italienischen Film, ich war die Lollo, allerdings in Blond.

Bei der Produktionsfirma, die in einem Gewerbegebiet im Münchener Süden residierte, handelte es sich um ein eher unscheinbares Fabrikgelände, das von einem hohen Zaun umgeben war. Am Tor gab es nur ein kleines Schild mit der Aufschrift Video.com und einen Klingelknopf, den ich gleich betätigte.

Ein älterer Mann in einem grauen Kittel öffnete. Ich zeigte ihm meine Gewinnbenachrichtigung, die er aufmerksam durchlas. Dann sagte er: »Die Einladung gilt nur für eine Person. Ihr Mann kann sie ja heute Abend hier wieder abholen.«

Damit hatten wir nicht gerechnet. Aber es half nun mal nichts. Ich gab Michael noch einen dicken Kuss. Er hauchte mir den

Satz »Ich sammle dich dann heute Abend nach deinem Gangbang wieder ein!« ins Ohr, schwang sich auf seine Vespa und brauste los.

Ich sah ihm kurz nach, schüttelte nur den Kopf und folgte dann dem älteren Mann auf das Firmengelände. Er brachte mich zu seiner Pförtnerloge, wo ein jüngerer Mann bereits auf mich wartete.

»Ich bin Henk, der Regieassistent. Ich führe dich durch unseren Laden. Wenn du Fragen hast, immer gleich raus damit! Ich weiß auf fast alles eine Antwort, haha.«

Offensichtlich ein netter Kerl, dachte ich und gab ihm die Hand. Wir gingen durch einen langen Flur und kamen zur Garderobe und zur Maske.

»Garderobe?«, fragte ich. »Ich dachte, die Darsteller sind bei Pornos alle nackt.«

»Grundsätzlich hast du recht. Aber manchmal müssen sie für die Rahmenhandlungen ja auch angezogen sein. Außerdem wollen die Zuschauer gern sehen, wie sich die Darsteller gegenseitig ausziehen«, erklärte er mir.

»Okay, dann mal hin zur Maske«, sagte ich.

In dem Raum hingen lauter signierte Fotos an den Wänden, auf der einen Seite von weiblichen und auf der anderen von männlichen Darstellern. Sie waren alle nackt, und abgebildet war auch nur deren Geschlechtsteil in Übergröße, und das dann original signiert.

Bei den Frauen kannte ich den Namen Melanie Müller, daneben hingen die schön frisierten Schamdreiecke von Corry Roxx, Peggy Aurora, Texas Sweet und anderen. Und an der gegenüberliegenden Wand die Schwanzbilder von Lucas Legend, Damon Costa, Iwan Bulldog und Peter Long, wobei sich dessen Pimmel von den anderen kaum unterschied – alles mächtige Schwänze, die schon im Ruhezustand sicherlich über zwanzig Zentimeter lang waren.

Mir war aufgefallen, dass die Mösenfotos im Prinzip alle dieselbe Intimfrisur zeigten, und fragte den Regieassistenten nach dem Grund.

»Aus den verschiedensten Gründen müssen wir manchmal mit Doubles drehen, auch mit Unterleibsdoubles. Da ist es doch praktisch, wenn alle schon mal dieselbe Frisur haben. Männliche Darsteller sind in der Regel total rasiert, wie du siehst«, sagte Henk.

»Was hast du denn für eine Intimfrisur?«, fragte mich da einer der Maskenbildner, beziehungsweise Unterleib-Visagisten, den mir Henk als Luigi vorstellte. Weil er den Namen dabei so komisch in die Länge zog, war mir klar, dass Luigi vom anderen Ufer war.

»Ich habe dort einen richtigen Busch, der nur an den Seiten von meinem Freund etwas in Form gebracht wird«, antwortete ich ganz mutig. Mir gefiel die lockere Art hier. Zwischendurch liefen immer mal männliche und weibliche Darsteller durch das Zimmer, die entweder völlig oder zumindest halb nackt waren oder einen Bademantel anhatten, der aber vorn aufklaffte und so auch nichts verbarg.

»Zeig mal!«, bat mich Luigi.

Mit einem Schwung hob ich mein Kleid in die Höhe, das mir dabei gleich bis übers Gesicht hochrutschte. Luigi fragte: »Darf ich mal?« und hatte mein Höschen schon bis zu den Knien heruntergezogen.

»Echt schick«, sagte er jetzt. »Du hast eine prima Schambehaarung, sehr schön dicht. Viele Frauen haben nur ein paar Härchen auf ihrem Venushügel, die könnten sie sich eigentlich besser rausreißen.«

Ich bedankte mich artig für das Kompliment, für meine Schamhaare hatte mich nämlich bisher noch niemand gelobt.

»Soll ich dir auch so eine Frisur machen wie unseren Pornostars? Geht ganz schnell und ist ein kostenloser Service«, sagte Luigi dann. Henk verdrehte dabei die Augen. Doch ich willigte nach kurzem Zögern ein: »Damit werde ich dann heute Abend meinen Freund überraschen. Ich bin jetzt schon gespannt auf sein blödes Gesicht.«

Ich musste mein Kleid ordentlich nach oben raffen und mich auf einen Ledersessel setzen, der auch zwei Halterungen für meine Beine hatte – wie ein gynäkologischer Stuhl.

Meinen Slip hatte ich schon ausgezogen und in eine Tasche gesteckt. Jetzt saß ich mit weit gespreizten Beinen in der Maske eines Porno-Drehs und ließ mir die Möse rasieren.

Der schwule Luigi langte mir eher gefühllos zwischen meine Beine, um festzustellen: »Zwischen den Beinen und rund um die Pflaume bist du ja wirklich schon glattrasiert. Ich kann mich also auf deinen Venushügel konzentrieren.«

Aus einer Sprühflasche traf mich dann ziemlich kalter Rasierschaum an einer sehr empfindlichen Stelle, sodass ich leicht zusammenzuckte.

»Mein Freund nimmt immer heißes Wasser und rührt mit einem Pinsel Rasierschaum an«, sagte ich als Erklärung.

»Für so etwas haben wir hier keine Zeit. Ich werde die frisch rasierten Seiten nachher auch noch wachsen«, bekam ich zur Antwort.

Das Rasieren ging dann relativ schnell, bis unter meinem Bauchnabel nur noch ein etwa zweieinhalb Zentimeter breiter Streifen Haare übrig blieb. Mein Friseur holte dann einen Topf mit warmen, flexiblen Wachsstreifen, die er auf meine gerade rasierten Hautflächen drückte und mit einem Ruck wieder abriss.

Ich schrie wie am Spieß. Waxing in der Intimzone kannte ich vorher noch nicht. Werde ich wohl auch nie wieder machen lassen. Doch die Prozedur war damit auch vorbei. Ich bekam noch eine schöne Hautcreme aufgetragen und konnte mich dann wieder anziehen.

Weiter ging die Führung über den Porno-Dreh.

»Wir besuchen jetzt einzelne Sets«, sagte Henk. »Dabei bitte absolute Ruhe, wir drehen mit O-Ton.«

An der ersten Tür hing draußen ein Schild »Das Schlossgespenst«.

»Macht ihr hier auch Märchenfilme?«, fragte ich neugierig und ungläubig zugleich.

»Warte es ab«, sagte Henk und öffnete die Tür.

In einer mittelalterlichen Dekoration mit einem riesigen Brokatsofa versuchte offensichtlich der Schlossherr, ein auf alt getrimmter Typ mit grauen Haaren und Nickelbrille, seine Zofe zu vögeln. Weil sein Pimmel nicht stehen wollte, musste der Diener ran. Der stand in einer Livree neben ihm und wichste jetzt den Schwanz des Schlossherrn, bis er steif genug war. Dann half er seinem Herrn auch noch, mit dem Pimmel die Fotze der Zofe zu finden – alles mit den weißen Handschuhen. Das sah schon irgendwie surreal aus.

»Wer guckt denn so einen Schwachsinn?«, fragte ich Henk in einer Drehpause.

»Davon gibt es genug. Außerdem drehen wir hier auch nicht nur ganze Filme. Manchmal machen wir nur eine Szene, weil wir zufällig Darsteller und Dekoration haben. Dieser Take wandert dann ins Archiv, bis er in einen anderen Film passt oder wird an eine andere Firma weiterverkauft.«

»Ich möchte jetzt aber trotzdem mal etwas Geileres sehen«, bat ich ihn.

Am nächsten Studio hing das Schild »Geile Schwestern«. Fand ich auch irgendwie blöd, aber abwarten.

Tatsächlich wälzten sich zwei Frauen am Boden und hatten großen Spaß dabei, sich gegenseitig mit einem Doppeldildo zu verwöhnen. Zwei Männer warteten auf einem Sofa auf ihren Einsatz. Da sie nicht im Blickfeld der Kamera waren, konnten sie ihre Schwänze ständig leicht wichsen. Als die eine Frau jetzt einen Orgasmus hatte, beziehungsweise vortäuschte, hatte auch die andere keine Lust mehr auf den Dildo und winkte die beiden Männer zu sich. Während die eine irgendwie ermattet auf dem Boden liegen blieb, fickten die Männer die andere im Sandwich. Diese Wendung gefiel mir schon besser. Schließlich bin ich nicht lesbisch oder bisexuell, sondern stehe auf richtige Männer.

Die bekam ich beim nächsten Drehort reichlich zu sehen. »Gangbang« hatte ich draußen an der Tür gelesen, hätte ich aber auch so gewusst. Hier spielte ein riesiges rundes Bett, das sich langsam drehte, die Hauptrolle. Breitbeinig lagen die Frauen auf dem Rücken und ließen sich von den Männern nacheinander besteigen. Wichtig war, dass das Abspritzen immer schön im Bild war. Mir wurde schon beim Zuschauen so heiß, dass ich am liebsten mein Kleid hochgehoben und mir einen Finger in die Möse gesteckt hätte.

»Du möchtest hier wohl gern mitmachen, was?«, fragte Henk, dem meine aufkommende Geilheit nicht entgangen war. »Geht leider nicht! Alle hier am Set müssen einen aktuellen Aids-Test vorweisen.«

»Hab doch gar nichts gesagt«, beschwerte ich mich.

»War aber trotzdem nicht zu übersehen. Ich bin schließlich vom Fach«, sagte Henk. »Komm, lass uns in die Kantine gehen. Gleich ist Mittagspause.«

Die Kantine war einfach nur ein großes Studio mit Kameras und Requisiten. Es gab ein paar Campingtische und Plastikstühle, der Rest saß auf irgendwelchen Kisten. An einer Wand war das Büffet aufgebaut: knackige Salate, gegrillte Scampi, Muscheln, Wiener Schnitzel, Lammkoteletts und andere Leckereien. Mir lief das Wasser im Mund zusammen. Die meisten Darsteller, Kameraleute und Beleuchter verdrückten jedoch Hamburger, Pizzas und anderes Fast Food.

Apropos Darsteller. Die meisten Schauspieler hatten sich nicht mal die Mühe gemacht, sich zum Mittagessen vernünftig anzuziehen, sondern lümmelten halb nackt auf den Hockern. Das war irgendwie schon ein komischer Haufen, aber nicht unsympathisch, dachte ich mir.

Nach dem Essen setzte ich mich zu einer Darstellerin mit einem riesigen Busen, den sie mit einem medizinischen BH mit ganz breiten Trägern zu bändigen versuchte. Doch er lag ihr trotzdem auf den Oberschenkeln. Einen Slip hatte sie nicht angezogen.

»Dein großer Busen macht dir aber ganz schön zu schaffen«, sagte ich etwas mitfühlend zu ihr.

»Nö, Kindchen, das ist mein Kapital. Keiner interessiert sich hier für meine Fotze. Alle wollen nur meine wackelnden Titten im Bild haben. Ich werde ständig gebucht«, berichtete sie mir.

Henk führte mich dann nach draußen, wo heute auch auf dem Freigelände gedreht wurde. Eine Schauspielerin in einem ähnlichen Kleid wie ich fuhr mit einem Fahrrad an einer Häuserkulisse vorbei, knöpfte sich dabei das Oberteil auf und holte eine Brust raus.

»Schnitt! Perfekt, Goldie«, rief der Regisseur, und alle Umstehenden beeilten sich, der Frau vom Fahrrad zu helfen. Sie wirkte irgendwie ungelenk, oder als ob sie große Schmerzen hätte.

Henk nahm mich etwas beiseite und fragte leise: »Du hast doch sicherlich zu Hause einen Vibrator?« Und als ich nickte, schob er hinterher: »Benutzt du den auch öfter?« Als ich wieder nickte, sagte er: »Hättest du eventuell Spaß daran, gleich in einer Filmszene mit einem Vibrator ein Bodydouble für Goldie Meyers zu spielen?« Ich sah ihn etwas irritiert an, signalisierte aber dennoch Zustimmung.

Henk ging dann zum Regisseur und sagte, dass die Vibratorszene vielleicht etwas »für unsere Praktikantin« sei. Luigi habe mir heute Vormittag auch bereits die Porno-Einheitsfrisur verpasst.

Der Regisseur sah mich kurz an und sagte dann: »Aber die ist doch blond, unten rum dann wahrscheinlich auch.«

»Das können wir doch schnell einfärben«, zerstreute Henk offensichtlich die letzten Zweifel, denn nun nickte der Regisseur zufrieden. »Nimm gleich Goldies Kleid mit«, sagte er noch. Goldie Meyers musste sich direkt am Set ausziehen und blieb in Unterwäsche mit dem Regisseur zurück.

Henk führte mich jetzt wieder zur Maske und erklärte er mir das Problem. »Iwan Bulldog hat gestern seinen Riesenschwanz brutal in Goldies trockene Fotze gerammt. Der tut heute noch der ganze Unterleib weh. Ein Wunder, dass sie die Szenen auf dem Fahrrad so gut hinbekommen hat.«

In der Maske musste ich mich dann ganz ausziehen und wieder auf dem Ledersessel Platz nehmen.

»Wir nehmen Wimperntusche. Die kannst du nachher einfach wieder raus waschen«, sagte Luigi und begann, meinen verbliebenen Streifen Schamhaare jetzt dunkel zu färben. Danach ging er noch mit einem feuchten Tuch darüber, und fertig war die für den Dreh gewünschte brünette Möse. Auch meine Schamlippen erforderten noch eine Korrektur. Luigi schminkte sie etwas dunkler und rundete das Ganze mit einem Glanzspray ab. Jetzt glänzte meine Pflaume richtig und sah richtig gut durchblutet aus. Ob das erforderlich gewesen wäre, weiß ich nicht. Ich war doch vor lauter Vorfreude schon so geil, dass meine Möse leise vor sich hin tropfte. Ich bekam noch Goldies Kleid übergeworfen, einen Slip gab es nicht.

Henk brachte mich dann in ein relativ kleines Studio, das aber sehr hell ausgeleuchtet war. In der Mitte stand so etwas wie ein Fahrrad-Torso, fest verschraubt an einer stabilen Metallplatte.

Das Fahrrad hatte auch keine Räder, und statt eines Sattels war oben auf der Stange ein großer Dildo montiert, der wohl über die Pedale angetrieben wurde. Die Kette wurde über ein ovales Ritzel umgeleitet, um die Auf- und Abbewegungen zu produzieren.

Ich staunte nicht schlecht. »Da soll ich mich also draufsetzen?«, fragte ich.

»Ja, natürlich. Und der Kameramann hält sein Objektiv unter deinen gut ausgeleuchteten Rock und filmt, wie der Dildo beim Treten in deiner Möse hin und her flutscht.«

»Genial!«, sagte ich, wusste aber gar nicht, was ich damit eigentlich ausdrücken wollte.

Ich kletterte schließlich auf das Fahrrad, ließ den Dildo in meine vorher gut eingeölte Fotze gleiten und trat vorsichtig in die Pedale. Das Gefühl war unbeschreiblich. Ich konnte ja mit meiner Trittfrequenz meine Geilheit regeln.

»Okay«, sagte Henk. Der Regisseur war zu diesen Szenen gar nicht erst mitgekommen. »Wir drehen!«

Henk schlug mit der bei Filmaufnahmen wohl unverzichtbaren schwarzen Klappe und der Kameramann kroch unter meinen Rock.

»Moment noch!«, sagte er und tupfte mit einem Tuch vorsichtig einen dicken Tropfen von meinen Schamlippen.

Jetzt konnte ich befreit in die Pedale treten. Das machte mir irgendwie so viel Spaß, dass ich immer schneller wurde. Und dann passierte das Unvermeidbare. Ich bekam auf meinem erotischen Trimmrad einen starken Orgasmus und musste mich richtig am Lenker festklammern, bevor Henk und der Kameramann mich mit vereinten Kräften von dem Rad herunterhoben. Meine Knie waren wie Gummi, und meine Möse tropfte vor lauter Geilheit.

»Kann jedem passieren«, kommentierte Henk mein kleines Malheur. »Erhol dich ein bisschen und dann drehen wir die Szene neu.«

Beim zweiten Mal habe ich es dann besser hinbekommen. Der Kameramann, Henk und der Regisseur, dem Henk das Video gleich danach zeigte, waren offensichtlich von mir begeistert. Die ersten Szenen hatten sie aber zum Glück herausgeschnitten. »Gut gemacht«, sagten jetzt alle und klopften mir auf die Schulter.

Mein Tag am Porno-Dreh war damit beendet. Ich könne gern noch einmal wiederkommen, sagte Henk. Dann ging ich zum Umziehen zur Maske zurück. Als ich in meine Klamotten schlüpfen wollte, sagte Luigi, dass ich vorher noch eine Dusche nehmen könne, drückte mir ein großes Badetuch in die Hand und wies mir den Weg zum Duschraum.

In einem großen gekachelten Raum gab es an den Wänden etwa zehn Duschen, wie im Freibad. Zwei Frauen und ein Mann seiften sich gerade ein.

»Oh, da ist ja unsere schnelle Radfahrerin«, sagte der Mann und drehte sich zu mir um. Es war der Russe Iwan Bulldog mit seinem Riesenschwanz.

»Hat sich das mit meiner Fahrradszene hier am Set schon herumgesprochen?«, fragte ich deshalb selbstbewusst in die Runde. »Ich bin eben von der schnellen Truppe«, sagte ich noch und hatte die Lacher auf meiner Seite.

Als ich mit Duschen fertig war, ging ich zurück in die Maske, zog mein Kleid über und wollte gerade losstiefeln, als Luigi mit meinem Slip wedelte, der mir wohl aus der Tasche gefallen war. »Den solltest du vielleicht auch mitnehmen«, lachte er.

Draußen vor dem Tor wartete schon Michael mit seiner Vespa. »Na, wie wars?«, fragte er.

»Spritzig«, sagte ich.

»Und, hast du Viagra für mich dabei?«

»Ich bin dein Viagra!«

Wilde Boots-Luder

Janina und ich freuten uns auf unsere erste Bootstour, zu der uns ein befreundetes Ehepaar eingeladen hatte. Wir kannten uns bisher eigentlich nur flüchtig, hatten uns eher zufällig mal vor einer Eisdiele oder in einem Biergarten getroffen. Und genau dort wurde nach dem dritten Weizenbier die Einladung zu einem gemeinsamen Törn auf ihrem Segelboot ausgesprochen.

Das Schiff liegt an der kroatischen Küste, was im Sommer natürlich ständig schönes Wetter bedeutet. »Nehmt nicht so viel Klamotten mit, die meiste Zeit an Bord machen wir FKK«, sagte Karin. Und ihr Mann ergänzte, dass wir bloß keinen Koffer packen sollten, weil man den an Bord nicht verstauen könne. Segler verpacken ihre sieben Sachen nämlich in Falttaschen oder Plastikbeuteln, wurde uns mit auf den Weg gegeben.

Wir einigten uns später auf einen Reisetermin Ende Juli, dann würden Janina und ich ab dem Hafen von Krk auf der gleichnamigen Insel eine Woche mitsegeln.

»Irgendwie ist das schon komisch«, sagte Janina eines Abends zu mir, als wir schon im Bett lagen. »Eigentlich kennen wir die beiden doch gar nicht. Und jetzt sind wir mit denen eine ganze Woche allein auf dem Boot. Ich weiß nicht.«

»Es wird schon ganz nett werden«, versuchte ich, sie zu beruhigen. »Sie haben uns doch Bilder von ihrem Segelboot gezeigt. Kroatien hat eine schöne Küste. Und immer, wenn wir zufällig mit ihnen zusammengekommen sind, hat doch die Chemie zwischen uns vieren gestimmt.«

»Ja, aber … «, wollte Janina sagen, aber weiter kann sie nicht. Ich hatte ihr schnell einen Kuss aufgedrückt, um das Thema zu beenden.

Als der Reisetermin anstand, haben wir unsere wenigen Sommerklamotten, die wir mitnehmen wollten, absprachegemäß in eine Reisetasche und zwei Aldi-Tüten verpackt und in unseren Kofferraum geschmissen. Dann ging die Reise los.

Im Hafen von Krk sahen wir die beiden schon von Weitem winken. Das war auch wichtig, denn dort lagen so viele Boote, dass wir sie womöglich erst nach Stunden gefunden hätten.

Karin und Heinz haben uns herzlich umarmt und mitgeholfen, unsere wenigen Sachen auf das Boot zu bringen. Wir mussten zuerst unsere Straßenschuhe ausziehen und Turnschuhe mit weißen Sohlen oder gleich Badelatschen anziehen, die wir zum Glück auch dabeihatten.

Dann gab es erst einmal eine Dose Bier in der Plicht. Das ist der hintere offene Sitzbereich. Und dann wurden die Leinen gelöst und Heinz und Karin steuerten ihr Schiff äußerst fachmännisch auf das offene Meer, wo wir ein paar Orte weiter einen anderen Hafen anlaufen wollten.

Kaum waren wir außer Sichtweite der Menschen an Land, rissen sich die beiden fast ihre Klamotten vom Leib, um dann nackt zu segeln.

Janina und ich waren anfangs etwas perplex, aber das hatten sie uns doch vorher bereits erzählt. Außerdem war es an diesem Tag fast unerträglich heiß, und wir waren von der Anreise tüchtig verschwitzt. Also: runter mit den Plünnen!

Eine Verklemmtheit kam gar nicht erst auf, weil sich unsere Skipper in ihrer Nacktheit so selbstsicher bewegten, als wäre es das Normalste auf der Welt. Dann machte ich aber anscheinend solche Stielaugen, dass man es nicht übersehen konnte.

»Hast du noch nie was von Intimpiercing gehört, Otto?«, fragte mich Heinz ganz ungeniert. Ich starrte wie gebannt auf die Fotze seiner Frau, in deren äußeren Schamlippen jeweils ein kleiner Brillant in der Sonne blinzelte. Und auch Heinz hatte einen kleinen silbernen Ring in seiner Vorhaut und einen zweiten unten am Sack.

»Doch, doch, sieht echt toll aus«, sagte ich nur.

»Ich will so etwas aber nicht haben«, meldete sich darauf Janina zu Wort, worauf wir alle befreit lachen mussten.

Bevor wir zu dem anderen Hafen kamen, bot uns Heinz noch ein erfrischendes Bad im Meer an. Er steuerte eine seichte Bucht an, warf den Anker und brachte die Badeleiter in Stellung. Dann sprangen wir alle in das kühle Nass, das sich als angenehm temperiert erwies. Wie die jungen Welpen tobten wir in den Meeresfluten und tauchten uns gegenseitig unter.

Dann ging es wieder an Bord. Hinten am Segelboot gab es eine Außendusche, die wir jetzt alle nacheinander nutzten, um das Salz von der Haut zu spülen. Ich war als letzter noch im Wasser und hatte so einen tollen Blick auf Karins Pflaume mit den geilen Piercings. Noch im kalten Wasser bekam ich einen Steifen.

Irgendwann waren wir aber alle geduscht, hatten uns trockengerubbelt und leichte Kleidung übergeworfen, denn jetzt ging es ja wieder in einen Hafen.

In Zukunft wollten wir öfter an Bord essen und gemeinsam Speisen zubereiten. Doch an diesem Anreisetag war ein Restaurantbesuch geplant. Wir machten uns also landfein und steuerten ein nahe gelegenes Steakhaus an. Wir luden die Skipper als Dankeschön für die Bootstour zum Essen ein. Heinz bestand aber darauf, die Getränke zu übernehmen. Letztendlich musste er mehr bezahlen als ich, weil der Abend doch ganz schön feucht geendet hatte. Leicht schwankend gingen wir zurück zum Boot, wo es noch einen traditionellen Absacker gab: den typisch jugoslawischen Sliwowitz!

Dann sind Janina und ich nahezu volltrunken in unsere Koje gefallen, die ganz vorn im Schiff lag und sich zum Kopfende verjüngte. Wir sind beide gleich fest eingeschlafen, wurden aber kurz danach wieder wach, weil das ganze Schiff wackelte.

Ich schob die Trennwand leicht auf und sah, wie sich Heinz' Hinterteil rhythmisch zwischen Karins Schenkeln hoch und runter bewegte. Irgendwie geil!

Janina und ich waren für so etwas entweder zu besoffen oder zu müde und fielen schnell wieder in einen tiefen Schlaf.

Am nächsten Morgen hatten wir beide einen leichten Brummschädel und nutzten ein Bad im Hafenwasser, diesmal in Badebekleidung, um einen klaren Kopf zu bekommen. Die Kombüse war bereits vom Kaffeegeruch geschwängert, und sogar ein paar Spiegeleier mit Speck brutzelten auf dem Gasherd.

Nach dem Frühstück war ich mit Heinz schwimmen. Die beiden Frauen waren an Bord geblieben. Janina sah dann, wie Karin breitbeinig in der Plicht saß und sich die Füße eincremte. Sie hatte ihre Schenkel derart gespreizt, dass ihre Fotze halb einladend und halb provozierend aufklaffte und einen tiefen Blick in ihr Innerstes gewährte.

Janina entschied sich dazu, es als Einladung zu werten, und ging vor Karin in die Knie. »Darf ich?«, fragte sie.

»Bediene dich – und mich«, gab Karin zur Antwort.

Da schnellte auch schon Janinas Zunge hervor und leckte einmal rund um Karins Pflaume. Sie hatte inzwischen mit den Fingern Karins Schamlippen weit auseinandergezogen und pflügte jetzt mit ihrer Zunge deren Spalte von oben nach unten durch. Sie leckte ihr auch kess rund ums Arschloch. Dann versenkte sie einen Finger in Karins Möse und knabberte zärtlich an ihrem Kitzler.

»Du bist auch eine richtig geile Sau«, sagte Karin, und das war wohl als Kompliment gemeint. Karin hörte damit auf, sich die Füße einzucremen, und legte ihre Beine auf Janinas Schultern. Die wiederum leckte Karin nach allen Regeln der Kunst, sodass sich Karin hin und her wand.

»Du leckst besser als jeder Mann«, sagte Karin dann. »Besser kann das wahrscheinlich nur eine Ziege. Deren raue Zungen wurden früher doch sogar als Foltermittel eingesetzt; sie mussten ihre Opfer so lange unter den Füßen lecken, bis die nahezu verrückt wurden.«

»Nun hör mal auf zu quasseln und komm endlich!«, hatschte Janina sie an.

Dieser Aufforderung hätte es gar nicht gebraucht. Unter lautem Stöhnen explodierte Karin unter Janinas Zunge, die unbarmherzig ihren Kitzler bearbeitet hatte. Jetzt liefen Karins Säfte aus ihr heraus und wurden von Janina fleißig aufgeleckt.

Bald danach kamen wir Männer wieder an Bord. Bis auf ihre immer noch hochroten Köpfe ließen sich Karin und Janina nicht anmerken, was sie in der Zwischenzeit getrieben hatten.

Wir hatten beschlossen, wieder zu unserer Bucht zu segeln und den Nachmittag dort zu verbringen. Das Mittagessen war kurzerhand auf den Abend verschoben worden.

Ich wollte am Strand etwas joggen gehen. Meine Frau sagte mir, dass sie schon genug Sonne abbekommen hätte, und wollte sich lieber in den Schatten legen. So zog ich mit Karin allein los, denn Heinz wollte als Skipper zur Sicherheit dann an Bord bleiben.

Wir schwammen das kurze Stück zum Strand und liefen parallel zum Wasser los, natürlich beide nackt. Karins Titten wackelten so schön bei jedem Schritt, sodass ich mich gar nicht auf den Weg konzentrieren konnte und tatsächlich irgendwann gegen eine blöde Wurzel stieß und der Länge nach hinschlug.

Karin war sofort über mir und erkundigte sich nach meinem Wohlbefinden. Zuerst pustete sie wie eine Mutter bei ihrem Kind auf die abgescheuerte Stelle an meinem Bein. Dann nahm sie ungefragt meinen Schwanz in den Mund und blies mir einen. Sie fuhr mit ihrer Zunge herrlich fest um meine Eichel und schob sich meinen Prügel dann immer tiefer in ihren Schlund.

»Jetzt ist er warm genug. Jetzt kannst du ihn mir in meine Fotze schieben«, feuerte sie mich an.

Gesagt, getan. Ein kurzer Stellungswechsel und ich lag zwischen ihren Beinen und klopfte an ihren Fotzeneingang. Mir wurde sofort Einlass gewährt, sodass ich bis zum Anschlag durchrutschen konnte. Karin arbeitete gut mit und kam mir mit ihrem Unterleib bei jedem Stoß entgegen.

»Los, spritz mir deinen Saft schön auf meine Titten!«, forderte sie mich auf. Das tat ich mit Vergnügen. Im hohen Bogen klatschten hintereinander vier dicke Ladungen auf ihre Brust und auf den Bauch. Mit einem Finger holte sie ein paar Tropfen wieder aus ihrem Bauchnabel und leckte sich die Hand dann genüsslich ab.

Janina hatte zuerst an Deck gelegen und war dann in unsere Koje gekrabbelt. Als Heinz kurze Zeit später die Trennwand beiseiteschob, lag Janina da nackt auf dem Rücken. Heinz spreizte vorsichtig ihre Schenkel.

»Wird das jetzt eine Vergewaltigung, oder was?«, fragte ihn meine Frau.

»Nicht, wenn du es auch willst«, sagte Heinz.

»Und was ist mit Otto?«, wollte Janina noch wissen.

»Der fickt gerade Karin am Strand«, antwortete Heinz.

»Das will ich sehen«, sagte Janina, kam aus der Koje und ging mit Heinz nach hinten in die Plicht.

»Sieh mal nach da hinten links!«, sagte Heinz und reichte ihr ein Fernglas.

Tatsächlich! Otto und Karin ratterten dort am Strand, was das Zeug hielt.

Heinz war zwischenzeitlich in die Knie gegangen und leckte jetzt Janinas Möse.

»Wollen wir es gleich hier an Deck machen oder gehen wir wieder in deine Koje?«, fragte er meine Frau, ohne dass er seine Zunge von ihrem Kitzler ließ.

Janina half ihm auf und zog ihn dann spielerisch an seinem Steifen hinter sich her zur Vorderkoje. Dort durfte er seine schöne Leckerei fortsetzen und anschließend seinen harten Prügel in Janinas Fotze versenken. Dass er einen kleinen Ring in seiner Vorhaut hatte, konnte sie bei diesem Fick nicht spüren; sie war darüber sogar etwas enttäuscht.

Beide waren jedoch so geil, dass Heinz schon nach ein paar Stößen in ihr abspritzte. Auch Janina hatte die Verführung genossen und wurde für ihr Einverständnis nun mit einem schönen Orgasmus belohnt.

Irgendwann kamen auch Karin und ich wieder an Bord, und es ging ans Abendbrot machen. Es gab einen riesigen Pott Nudeln mit Tomatensoße. Heute Abend saßen wir alle nackt in der Plicht um den dort aufgebauten Esstisch und haben uns mit der Tomatensoße gegenseitig vollgeschmiert.

Zum Abwasch wurde das schmutzige Geschirr in einen Wäschekorb getan und mit an den Strand genommen. Halb im Wasser stehend, spülten Karin und Janina die Speisereste ab. Etwas angetrocknete Stellen bearbeiteten sie ganz praktisch mit einer Handvoll Sand.

Danach haben wir noch schön an Bord gesessen und bei einer Flasche Wein den Sonnenuntergang beobachtet. Dann versenkte Karin den großen Esstisch in der Kombüse und ordnete die Rückenpolster wie schon am Vorabend so, dass daraus eine große Liegefläche entstand.

»Wer will mich denn jetzt als erster ficken?«, fragte sie in die Runde, nachdem sie sich rücklings darauf fallen gelassen und ihre Beine weit gespreizt hatte, sodass man ihre beiden Mösenpiercings wie zwei Sterne funkeln sehen konnte.

»Ich«, sagte ich schnell.

»Und ich«, sagte ihr Mann.

»Und ich natürlich auch«, kam es jetzt von Janina.

»Okay, ihr wollt mich alle drei – und am besten alle gleichzeitig«, stellte Karin erfreut fest. Dann griff sie neben sich und holte eine große Dose Vaseline hervor, mit der sie ihren Unterleib großflächig einrieb. Ihr Hinterteil bekam im wahrsten Sinne des Wortes auch sein Fett ab, wobei sie mit einem Finger eine ordentliche Portion des Gleitmittels in ihren After drückte.

»Dann leg dich schon mal hin!«, dirigierte sie ihren Mann als Erstes auf die Matratze. Karin selbst legte sich rücklings auf ihn und ließ seinen Schwanz dabei gleich in ihren Hintereingang flutschen.

»Los, Otto, fick mich wieder schön von vorn«, sagte sie dann. Ich merkte, wie Janina etwas stutzte, wahrscheinlich bei dem Wort *wieder*. Hatten die beiden uns heute Nachmittag am Strand beobachtet?

Egal! Ich wichste meinen Schwanz noch etwas härter und bohrte ihn dann in Karins Fotze. Janina kniete sich über die Köpfe von Karin und Heinz und ließ sich von beiden abwechselnd schön lecken.

War das jetzt ein herrliches Geficke! Dazu kamen noch die unvermeidlichen geilen Fickgeräusche, wenn Haut auf Haut klatscht. Und gestöhnt wurde von uns auch um die Wette. Jeder, der kam, schrie seine Geilheit hemmungslos heraus, was die anderen natürlich zusätzlich anturnte. Wir waren ein total verfickter Haufen kopulierender Leiber!

Danach fielen wir einfach stumpf auseinander. Die Frauen tropften vor sich hin, und auch unsere beiden Schwänze waren noch ganz schleimig. Der Vorschlag, jetzt noch ein nächtliches Bad im Mittelmeer zu machen, stieß deshalb auf einhellige Begeisterung.

So vergingen die Tage und Nächte an Bord viel zu schnell. Durch unsere sexuellen Aktivitäten kannten wir uns alle inzwischen in- und auswendig. Jeden Zentimeter unserer Körper hatten wir gegenseitig mit Küssen, Lecken und Blasen verwöhnt, und wir beiden Männer kannten uns jetzt in der Anatomie von Karin und Janina bestens aus.

Heinz und Karin lieferten uns nach einer Woche wieder in Krk an unserem Auto ab, und wir versprachen, dass das nicht der letzte gemeinsame Boots-Fick-Urlaub gewesen sein sollte. Und außerdem konnte man sich ja auch mal zu Hause besuchen und einen wegstecken.

Nach vielen Küssen und Umarmungen machten Janina und ich uns irgendwann auf die Heimreise.

»Du, Otto, ich möchte, glaube ich, doch solch ein Piercing in meiner Schamlippe haben«, sagte Janina plötzlich.

»Da will ich aber dabei sein, wenn du ins Piercing-Studio gehst«, antwortete ich. »Das sind doch alles irgendwie komische Typen, total tätowiert und vollgehängt mit lauter Edelmetall. Wenn so einer dich dann unten rum nackt auf seinem Stuhl hat, muss es den doch reizen, dir gleich seinen Schwanz reinzustecken.«

»Nun stell dich mal nicht so an, Otto. Wir haben es die Woche doch auch ganz ordentlich über Kreuz getrieben.«

»Trotzdem«, blieb ich bei meinen Bedenken.

»Vielleicht ist das ja sogar wichtig, damit meine Möse beim anschließenden Piercen schön geschmeidig ist«, sagte Janina jetzt und lächelte mich dazu frivol an.

»Ich kann dich ja ordentlich durchficken, bevor du ins Piercing-Studio gehst. Das muss doch auch helfen«, antwortete ich deshalb.

»Oh, gern! Aber am besten beides. Doppelt ist doch immer gut«, beharrte Janina.

Da hatte ich mir wirklich eine ganz heiße Braut ins Ehebett geholt, dachte ich – mit mir und der Welt zufrieden. *Mit der kann man Pferde stehlen und viele schöne andere Dinge machen.*

Die Affaire im Saunapool

Ich liebe Gudrun und Gudrun liebt mich. Aber leider ist sie verheiratet und will oder kann ihren etwa zehn Jahre älteren Mann nicht verlassen. Er ist krank. Nach über zwanzig Jahren Ehe ist bei ihnen nicht mehr viel Liebe übrig geblieben; es überwiegt das Gefühl, zusammenzugehören.

Gudrun hat sich mehr oder weniger mit ihrer Rolle als Kranken- und später dann auch Altenpflegerin abgefunden. Jetzt aber will sie noch etwas Spaß haben – am liebsten mit mir.

Ich bin ihre neue Liebe. Ich stehe für Fröhlichkeit, Abwechslung und guten Sex, natürlich aber auch für Trost und Verlässlichkeit.

Die Geschichte, die ich hier aufschreibe, spielte vor rund vierzig Jahren. Das ist wichtig für einige Details. So gab es damals noch keinen Mobilfunk, nur Festnetz, die ersten Schnurlosen und eben jede Menge öffentlicher Telefonzellen. Es gab auch keine totale Überwachung, also nicht an jedem Ort gezielte Überwachungskameras – doch davon nachher mehr.

Wir hatten uns auf der Arbeit kennengelernt und gleich ineinander verliebt, komisch eigentlich. Sie verheiratet und ich Single, nämlich seit meiner ersten Scheidung.

Wir trafen uns also immer heimlich in meiner Wohnung oder in ihrem Haus, wenn ihr Mann zum Beispiel zu seinem Skatabend war. Manchmal sind wir auch auf Hotels ausgewichen, wenn wir ein ganzes Wochenende für uns hatten; und natürlich durfte das Hotel nicht direkt in der Nähe sein.

Auch ansonsten waren wir sehr erfinderisch mit eher zufällig konstruierten Treffen. So geht Gudrun regelmäßig in ein Fitnesszentrum, ich jetzt auch. Und mit ihrer Freundin Karin ist sie öfter in die Sauna gegangen, jetzt natürlich mit mir, angeblich aber mit Karin. Die musste dann natürlich zu Hause bleiben und durfte auch nicht ans Telefon gehen.

In der öffentlichen Sauna müssen wir uns natürlich benehmen, können uns nur mal an die Hand nehmen und wie zufällig am Körper berühren. Doch das reicht manchmal schon, dass ich eine Gliedversteifung bekomme. Ich muss mich dann schnell auf den Bauch legen und warten, bis der Anfall vorbei ist. Wenn wir allerdings mal zufällig allein in der Saunakabine sind, werden unsere Berührungen intensiver. Ich streichele dann gern Gudruns Hintern, und sie fasst einfach an meine Möhre und wichst mich ein wenig – wieder mit dem Erfolg, dass ich mich beim Eintreten anderer Saunagäste auf mein Handtuch schmeißen muss.

Nach dem Saunagang und dem Abduschen gehen wir meist noch in das Entspannungsbad, das eine Etage tiefer liegt. Wir sind erst ein wenig ziellos im Becken herumgetollt und haben uns dann am Beckenrand jeder vor eine Massagedüse gestellt. Von dem harten Wasserstrahl, der bei ihr auf die Klitoris und ihre Ritze zielte und bei mir abwechselnd auf Pimmel und Hodensack, wurden wir natürlich schnell ziemlich geil.

Zum Glück waren wir im Pool bald die einzigen Besucher, nachdem ein anderer Mann das Becken verlassen und nach oben gestiefelt war. Das Tolle an der Treppe ist natürlich, dass man an den Füßen auf der Treppe früh genug erkennen kann, ob jemand dazukommt.

Jetzt fielen wir im etwas seichteren Wasser richtiggehend übereinander her. Hierbei muss ich daran erinnern, dass meine Geschichte vor rund vierzig Jahren spielt, als es noch nicht an jeder Ecke eine Überwachungskamera gab.

Gudrun lehnte sich jedenfalls mit dem Rücken an eine Poolwand und hielt sich mit ihren Händen an der durchgehenden Metallstange oben am Beckenrand fest. Durch den Auftrieb schwammen ihre weit gespreizten Beine schnell an die Wasseroberfläche. Ich hielt ihr meine Hände unter den Po und hauchte ihr einen Kuss auf die Möse. Dann drang ich direkt in ihre Feuchtigkeit ein. Wir waren beide so geil, dass wir unsere Unterleiber kräftig gegeneinanderstießen, sodass das Wasser wie in der Badewanne über den Poolrand schwappte. Ich musste jedoch immer mit einem halben Auge zur Treppe schielen. Dennoch erreichten wir in kürzester Zeit gemeinsam den Höhepunkt. Jetzt galt es, jeden Schrei gleich im Hals zu ersticken, als wenn man das erste Mal bei seiner Braut übernachtet und die Eltern nebenan schlafen oder wie bei einer Nummer auf dem Campingplatz, wo sich ja auch die Zeltnachbarn nicht alle mitfreuen sollen.

Schließlich ließen wir voneinander ab und schwammen noch einmal durch den Pool. Gudrun lief jetzt aus und zog einen richtigen Schweif hinter sich her, weiße Schlieren und kleine Wölkchen, die sich im Wasser auflösten oder langsam nach unten sanken.

Wir stiegen dann irgendwann aus dem Wasser und gingen zur Sauna zurück. Auf der Treppe kam uns der Saunameister entgegen, der einige Teströhrchen für die Badewasserqualität in den Händen hatte. »Was ist denn das wieder für eine Sauerei?«, hörten wir ihn hinter uns noch schimpfen.

Ein anderes Mal waren wir mit meinem kleinen Fiat unterwegs und hielten auf einem Waldweg an, um etwas zu kuscheln. Schnell hatte Gudrun meinen Lümmel ausgepackt und kam auch selbst mächtig in Fahrt. »Ich will jetzt sofort mit dir ficken!«, sagte sie, was aber in dem Kleinwagen schier unmöglich war. Wir mussten also aussteigen, und ich platzierte sie zwischen

Auto und geöffneter Beifahrertür. So konnte sie sich etwas am Dach festhalten und ein Bein auf den Türholm stellen. Dann hob sie ihr Kleid hoch, fast über den Kopf. Ich riss einfach ein großes Loch in ihre Strumpfhose, schob ihren Slip zur Seite und drückte meinen steinharten Prügel in ihre Fotze. Genauso war das wohl von ihr auch geplant, denn sie jauchzte vor Freude und stieß lauter spitze Schreie aus, die aber zum Glück kein Jäger oder anderer Waldspaziergänger hörte. Diese heiße Nummer im Stehen dauerte nicht sehr lange, zu sehr hatten wir uns schon vorher aufgegeilt. Ich konnte mich nicht lange zurückhalten und spritzte früh ab, zu früh, wie ich meinte.

Gudrun offensichtlich auch. Denn als wir uns voneinander gelöst hatten, tauchte sie mit ihrem Oberkörper in mein Auto ein, stützte sich mit den Händen auf dem Sitz ab und rief fröhlich: »Jetzt möchte ich noch in den Hintern gefickt werden!« Dabei schlug sie ihr Kleid wieder nach oben und präsentierte mir ihren herrlichen Arsch. Für mich hatte Gudrun den schönsten Arsch zwischen Norwegen und Marokko.

Ich zog ihr also die ohnehin kaputte Strumpfhose bis zu den Schuhen runter und den Slip gleich hinterher. Und als ich jetzt ihren geilen Arsch vor mir auf dem Waldweg schimmern sah, stand mein Schwanz wieder wie eine Eins. Ich musste mich über meine Potenz noch nie beklagen, aber das ging ja jetzt wirklich fix!

Also rein mit dem Ding in den engen Hintereingang! Unter lautem Gestöhne und Gekeuche, begleitet von kleinen spitzen Aufschreien, fickte ich Gudrun in den Arsch. Jetzt hatte ich keine Mühe, meinen Orgasmus hinauszuzögern. Mit großer Ausdauer trieb ich sie vor mir her, fasste ihr dabei auch in den Ausschnitt und knetete ihre Titten. Als sie dann mit einem lauten Seufzer kam, war ich auch so weit und spritzte ihr meine Sahne tief in den Arsch.

Bald danach mussten wir aber aufbrechen. Gudrun kleckerte immer noch aus beiden Löchern, aber zum Glück konnte man meine Schonbezüge einfach in die Waschmaschine stecken.

Ein Fußballabend mit einem Spiel im Europapokal der Landesmeister und diversen im UEFA-Cup fesselte ihren Mann regelmäßig den ganzen Abend vor dem Fernseher. Was lag da für Gudrun näher, als mit ihrem Geliebten einen Spaziergang durch die Siedlung zu machen?

Wir hatten an dem Abend einen Treffpunkt ein paar Straßen weiter verabredet. Als ich meinen kleinen Fiat durch die Wohnstraßen des Ortsteils steuerte, sah ich sie schon im Schein einer Straßenlaterne auf mich warten: kurzes Röckchen und einen aufreizend engen roten Pulli, fast etwas nuttig, fand ich. Aber das war ja alles für mich.

Ich parkte mein Auto am Straßenrand, stieg aus, und wir marschierten los. Es war schon dunkel und keine Menschenseele war mehr unterwegs. Dann kam uns doch ein Mann mit einem Hund entgegen.

»Oh Gott, das ist unser Nachbar. Küss mich schnell!«, sagte Gudrun.

Ich nahm sie in die Arme und drückte unsere Köpfe in einen Busch, dessen Zweige etwas über den Bürgersteig hingen.

»Habt ihr kein Bett?«, fragte der Mann, als er an uns vorbeilief. Zum Glück hatte sein Hund kein Interesse an der Nachbarin gezeigt.

»Der Mann hat recht«, sagte Gudrun danach zu mir. »Du musst mich jetzt sofort ficken.«

Ich hielt sie immer noch fest umarmt und war mit einer Hand unter ihr kurzes Röckchen gegangen. »Du geile Sau!«, rief ich. »Du hast ja gar kein Höschen an.«

»So geht es doch viel schneller«, antwortete sie ungerührt, als wenn sie schon auf meine Frage geantwortet hätte.

»Okay, aber wo?«, sagte ich dann etwas einsilbig.

»Da hinten auf der Mülltonne kannst du mich gut ficken.« Sprachs, nahm mich bei der Hand und wir rannten los.

Schwups, saß sie auf der Tonne, hob ihr Röckchen hoch und machte für mich die Beine breit. Ich brauchte nur meinen Schwanz rausholen und losficken. Die Höhe der Mülltonne war optimal. Ich wollte es ihr besonders gut machen und variierte meine Stöße von zart bis hart.

»Fick jetzt richtig! Ich habe nicht ewig Zeit«, forderte sie und schmiss ihren Unterleib jetzt bei jedem Stoß kräftig gegen mich. So erreichten wir schnell unseren gemeinsamen Höhepunkt. Wir konnten hier ja sogar laut sein, denn alle Welt saß ja vor dem Fernseher – die Männer sowieso, und ihre Frauen saßen wahrscheinlich daneben und strickten Socken.

Dummerweise fiel die Mülltonne laut polternd um, als Gudrun herunterstieg. Überall gingen jetzt Außenbeleuchtungen an und erste Haustüren schwangen auf. Schnell stellte ich die blöde Tonne wieder hin, und dann rasten wir beide in Windeseile um die nächste Straßenecke.

Bei einem anderen Tête-à-Tête bei ihr daheim – ihr Mann war das ganze Wochenende auf einer Tagung - hatten wir uns zuerst in deren Wohnzimmer auf der Couch geliebt, auf der Sofalehne, um genau zu sein. Wenn ich sie dort platziert hatte, musste ich mich nur davor stellen und konnte losficken, die Höhe war geradezu ideal.

Ich blieb natürlich über Nacht. Es war für uns damals das Größte, gemeinsam in einem Ehebett zu schlafen, wobei mir etwas unwohl war, wenn ich seinen Rasierwasserduft in der Nase hatte.

Und natürlich haben wir auch im Ehebett ordentlich gevögelt. Wir hatten in der Missionarsstellung gerade einen schönen Rhythmus gefunden, als das Telefon auf dem Nachttisch klingelte. »Da muss ich ran«, sagte Gudrun und langte nach dem Hörer. Ihr Mann wollte auch nur gute Nacht sagen. Doch ich konnte es nicht lassen, und fickte sie unvermittelt weiter. Dabei musste ich wohl gegen eine etwas wunde Stelle in ihrer Vagina gestoßen sein, denn sie sagte laut und deutlich »Au!«

Da hatten wir's, aber Gudrun fiel geistesgegenwärtig etwas ein: »Ich habe heute Nachmittag im Garten etwas Unkraut gezupft. Jetzt habe ich einen kleinen Muskelkater, was mir beim Umdrehen etwas wehtut«, sagte sie.

Als sie aufgelegt hatte, mussten wir erst einmal losprusten. Dann sagte ich: »Muskelkater ist gut, aber den bekommst du erst morgen von unserem Sexualsport!«

Dass nicht jede Begegnung mit ihrem Mann so glimpflich ablief wie eben geschildert, versteht sich von selbst. Einmal kam er abends früher von seinem Skatabend zurück, und der Schlüssel drehte sich schon im Schloss. Ich schnappte mir in Windeseile meine Klamotten, und Gudrun ließ mich durch die Terrassentür raus – keine Sekunde zu früh! Zum Glück sah mich keiner der Nachbarn, wie ich mich im Garten wieder anzog und dann über die kleine Hecke stieg, um zu meinem Auto zu kommen.

Es gibt noch so viele Geschichten von Gudrun und mir zu erzählen - von zwei Liebenden, die nicht zusammenkommen konnten. Doch auf unsere Weise haben wir es immer wieder geschafft, uns für ein Schäferstündchen zu verabreden. Die Angst, erwischt zu werden, hat sicherlich den Reiz erhöht.

Irgendwann bin ich in eine andere Stadt gezogen. Von Gudrun habe ich nichts mehr gehört. Mit verheirateten Frauen habe ich seitdem möglichst nichts mehr angefangen.

Freies Rudelbumsen

Meine Kelly ist das schärfste Weib der ganzen Stadt! Einerseits bin ich damit überaus glücklich und zufrieden, weil ständig befriedigt. Andererseits muss ich auch immer aufpassen, wenn Kelly Lust auf andere Männer bekommt. Nicht, dass ich ihr einen anderen Schwanz nicht gönnen würde. Aber wir müssen ja auch nicht unbedingt ins Gerede kommen – jedenfalls nicht mehr als erforderlich.

Dass sich die ganze Stadt über Kelly die Mäuler zerreißt, liegt allein schon daran, dass meine Partnerin eine pechschwarze Haut hat. Sie kommt nämlich aus Afrika, aus Schwarz-Afrika, um genau zu sein. Als Studentin kam sie als junge Frau in die damalige DDR und hatte anschließend im wiedervereinigten Deutschland ein Bleiberecht; inzwischen hat sie auch die deutsche Staatsbürgerschaft.

Ich habe Kelly bei einem Gruppenfick kennengelernt. Sie war damals mit einem hiesigen Geschäftsmann zusammen, der zu einer wilden Poolparty in seinen Garten eingeladen hatte, immerhin um die fünfundfünfzig Personen – alle nackt oder zumindest halb nackt. Es gab zahlreiche Liegen, Loungemöbel und weitere Matratzen auf Europaletten, dazu ein reichlich gedecktes kalt-warmes Büfett. Sinnvollerweise gab es darauf auch eine große Glasschale mit Verhüterlis und mehrere Blister mit rautenförmigen blauen Tabletten: Viagra.

Überall wurde geschmust und geleckt, gekuschelt und gefingert und natürlich gefickt – zu zweit oder auch zu mehreren.

Auch ich kuschelte und leckte mich so durch den Abend und genoss es auch, wenn eine oder zwei Frauen meine Dienste beanspruchten. Aber irgendwie wollte bei mir an dem Abend keine rechte Fickstimmung aufkommen.

Nach etwa zwei Stunden mussten die meisten Partygäste offensichtlich erst einmal eine Erholungspause einlegen – trotz

Viagra! Man sah überall friedlich schlummernde Pärchen und Singles. Auch die Musik war heruntergefahren und das Licht jetzt noch mehr gedimmt worden.

Ich wollte die Gelegenheit nutzen, um mich ungestört am Büfett zu bedienen, als ich am Pool Kelly entdeckte.

Sie war mir vorher schon aufgefallen. Was für ein Quatsch! Natürlich fällt eine Farbige unter so vielen Menschen immer auf. Ich hatte mich etwas im Pool vergnügt und war dann zum Rand getaucht. Und als ich wieder hochkam, saß Kelly genau dort. Mit leicht gespreizten Beinen! Von schräg unten hatte ich einen exquisiten Blick auf ihr Dreieck, ihren haarlosen Venushügel. Mann, was hatte die für eine tolle Fotze! Zwischen den fast schwarzen äußeren Schamlippen schimmerte ihr leicht feuchtes rosa Innenleben – ich war hin und weg. Doch sie stand einfach auf.

Zwei Männer wollten sie später dann auf eine Liege zerren, doch sie machte sich energisch von ihnen frei und eilte in den hinteren Teil des Gartens. Ich ihr nach.

Ich sah, dass sie weinte, näherte mich ihr vorsichtig und nahm sie freundschaftlich in den Arm. Es macht nämlich einen Unterschied, ob man jemand in den Arm nimmt, um Sex mit ihm zu haben, oder ob man mit seiner Umarmung den anderen trösten will.

Anfangs noch etwas stockend, erzählte mir Kelly, dass ihr jetziger Partner sie wie eine Sklavin hielt, dass er sie oft schlug. Sie zeigte mir am Hals, am Bauch und am Oberschenkel ein paar blaue Flecken, die auch auf ihrer fast schwarzen Haut deutlich zu erkennen waren. Sie wollte nur weg von dem Geschäftsmann, am liebsten sofort.

Ich tröstete sie noch etwas und drückte sie an mich, was gar nicht so unkompliziert war, schließlich waren wir ja beide splitterfasernackt. Sie tat mir so leid, dass ich einwilligte, umgehend mit ihr die Party zu verlassen. Am nächsten Tag müsste sie, vielleicht auch wir, aber das Gespräch mit ihrem bisherigen Partner suchen.

Letztendlich lief die Trennung aber deutlich unkomplizierter ab, als ich es schon befürchtet hatte. Der Geschäftsmann war ihrer längst leid geworden, er wollte von uns lediglich die Zusage, dass wir über ihre Zeit bei ihm Stillschweigen wahren müssten, weil er seinen Ruf als Kaufmann nicht gefährden wollte.

Kelly hat in nächsten Tagen ihre Sachen geholt und ist ganz bei mir eingezogen. Ich lebte zu der Zeit allein, meine Frau hatte sich vor Jahren von mir getrennt und war mit ihrem neuen Stecher nach Frankreich gezogen.

Aus dem anfangs empfundenen Mitleid wurde Liebe. Ich habe noch nie eine so tolle Frau kennengelernt wie Kelly. Sie hatte eine warme Art, war immer fröhlich und im Bett eine Granate. Dass man so ein wildes Raubtier nie ganz für sich allein haben kann, hatte ich schon erwähnt. Ich war aber glücklich mit ihr und mächtig stolz auf sie. Aber es gab auch Neider!

Denn wenn Kelly allein durch die Stadt geht, drehen sich alle Männer nach ihr um. Die Frauen bewundern ihre tolle Figur, wenn sie ehrlich sind. Und wenn sie mit ihren Männern unterwegs sind, waschen sie ihnen gehörig den Kopf.

Natürlich passiert das alles auch, wenn Kelly mit mir auf Tour ist, nur eben etwas diskreter. Im Prinzip wünscht sich zumindest jeder zweite Mann, einmal mit dem schwarzen Ofen das weiße Laken zu teilen. In ihrer Fantasie stellen sie sich doch alle vor, Kellys pechschwarze Schamlippen zu öffnen und in ihr rosa Fötzchen zu blicken.

Ich bin, wie schon gesagt, nicht eifersüchtig. Ich lasse Kelly ihre Freiheit. Ich fahre ja sehr gut damit, denn nach jedem Seitensprung bekomme ich von ihr die schönste Zuwendung.

Und da auch ich natürlich kein Kind von Traurigkeit bin, planen wir diese Sextreffen mit anderen Männern meistens gemeinsam. Wir verabreden uns also mit anderen Pärchen oder auch Solo-Männern, gehen in Swingerclubs und machen FKK-Urlaub - nur um andere am Strand aufzureißen.

Kürzlich hatte ich zwei meiner alten Kumpels zu uns nach Hause eingeladen. Bei anderen heißt das dann vielleicht Sauf- oder Skatabend oder beides. Bei uns lief das immer aufs Bumsen raus.

Natürlich hatten Klaus und Bernd bereits von Kelly gehört. Aber als sie ihnen jetzt die Tür öffnete, standen ihre Münder mindestens ebenso weit offen. Dabei hatte Kelly sich gar nicht groß herausgeputzt: eine diagonal karierte Jeggings und High Heels sowie einen hautengen dünnen weißen Pullover, den ihre großen Brustwarzen fast durchbohren wollten – damit war klar, dass sie weitestgehend auf Unterwäsche verzichtet hatte.

Ich klopfte den beiden kameradschaftlich auf die Schulter und bat sie in unser Wohnzimmer. Kelly hatte dort bereits ein paar Gläser verteilt und kam jetzt mit einem Träger und drei Bierflaschen aus der Küche. Sie selbst hatte ein Mixgetränk vor sich stehen. Wir nahmen erst einmal um den Couchtisch Platz und prosteten uns zu.

Natürlich musste ich ihnen haarklein erzählen, wie ich mit Kelly zusammengekommen war. Die Episode mit dem Geschäftsmann ließen wir natürlich weg. Aber ihren Lebensweg von Afrika über die DDR bis in mein Bett fanden meine Freunde schon spannend genug.

Irgendwann wurde es Kelly zu langweilig und sie ging einfach. Da wurde ich erst recht mit Fragen torpediert. Schließlich ging es natürlich darum, wie Kelly denn im Bett sei. Beide bewunderten ihren schönen Körper, der Geifer lief ihnen fast schon den Mundwinkel herunter.

Ich fragte sie dann frei heraus, ob sie Kelly einmal ficken wollten. Da hatte ich aber was gesagt! Sie hielten mich zuerst für bekloppt. Es dauerte wirklich seine Zeit, bis sie mir glaubten, dass mein Vorschlag ernst gemeint war, dass ich nicht eifersüchtig sei und dass ich mich freuen würde, wenn Kelly ihren Spaß hätte. Auch ich würde bei der ganzen Sache schon nicht zu kurz kommen, versicherte ich ihnen schließlich.

Da Kelly sie ja bisher noch nicht gekannt hatte, schlug ich ein kleines Spielchen vor: Wir würden ihr die Augen verbinden und mit Ohropax dafür sorgen, dass sie unsere Stimmen nicht so gut hören kann. Dann würden wir sie nacheinander lecken und ihr dann nur kurz den Schwanz reinschieben. Kelly müsste anschließend erraten, in welcher Reihenfolge wir sie so angefickt hätten. Danach wäre freies Rudelbumsen angesagt.

Mein letzter Vorschlag fand die meiste Zustimmung. Aber auch für die Blindverkostung konnten sie sich begeistern.

Gesagt, getan. Gemeinsam gingen wir die Treppe nach oben, und ich öffnete unsere Schlafzimmertür. Kelly lag nackt auf einem weißen Satinlaken, hatte einen Arm unter ihren Kopf gelegt und die andere Hand an der Fotze. Das geile Stück hatte sich eine Porno-DVD eingelegt und war bei unserem Eintreffen schon rattenscharf.

Ich erklärte ihr kurz die vereinbarten Regeln, die wir schon vorher gemeinsam ausgeheckt hatten. Ein knallroter Seidenschal war schnell gefunden, mit dem ich ihr geschickt die Augen verband. Dann noch Ohropax in beide Ohren, und der Spaß konnte beginnen.

Wir hatten uns inzwischen komplett ausgezogen und standen jetzt einträchtig nebeneinander – jeder mit seinem Schwanz steil aufgerichtet. Ich fand, dass wir von der Natur in etwa gleich bestückt worden waren: drei schöne Männerpimmel, voll ausgefahren etwa achtzehn bis einundzwanzig Zentimeter lang und auch schön dick.

Ich weiß gar nicht mehr, wie wir die Reihenfolge bestimmt hatten, auf jeden Fall kniete sich Bernd als Erster zwischen Kellys Schenkel, die er mit seinen Händen etwas mehr spreizte. Danach näherte er sich ihr mit seinem Gesicht und fuhr mit seiner Zunge einmal lang über ihre Spalte. Dann nahm er seine Hände zu Hilfe, streichelte ihren vor lauter Geilheit leicht angeschwollenen Venushügel und zog die Schamlippen weit auseinander. Man merkte ihm richtig seine Freude an, als er mit seiner zusammengerollten Zunge tief in ihre Fotze stieß. Immer wieder fickte er sie mit der Zunge und leckte dann wieder in ganzer Länge durch ihre Spalte, um sich schließlich an ihrem Kitzler festzusaugen.

Kelly krümmte sich richtig vor Geilheit. »Oh, Thomas! Du machst mich ja so glücklich! Tom, bist du es überhaupt?«

Natürlich sagte ich kein Wort, und auch Bernd verrichtete seinen Job ohne ein Wort. Er wischte sich noch kurz den Mund ab, bevor er seinen Schwanz jetzt in Kellys schön angeleckte Möse schob. Zwei-, dreimal tief rein und wieder raus, so hatten wir das verabredet. Klaus und ich hatten jetzt richtig unsere Mühe, ihn von Kelly herunterzubekommen.

Ich sollte als zweiter zwischen Kellys Schenkeln aktiv werden. Natürlich spürte ich mit meiner Zunge gleich die Hitze, die Bernds Leckerei und sein Gerammel in Kelly entfacht hatten. Ihre Möse war schön feucht - nein, sie war nass! Ich versuchte, sie möglichst neutral zu lecken, denn jedes Pärchen entwickelt doch gewisse Techniken, die man gemeinsam eingespielt hat, weil sie von dem jeweiligen Sexpartner als besonders angenehm empfunden werden. Auch ich leckte meiner Liebsten also schön lang durch die Spalte, schob ihr anschließend meine gerollte Zunge in die Fotze und saugte mich an ihrem Kitzler fest. Beim Ficken hielt ich mich irgendwie zurück; ich weiß natürlich, welche Anstellwinkel sie am liebsten hat, weil ich damit ihren G-Punkt intensiv reizen kann. Jetzt fickte ich hingegen geradlinig in ihr Loch.

Natürlich hatten Klaus und Bernd mit mir noch so ihre Probleme. Ich trat bereitwillig zurück und überließ Klaus das glänzende geile Dreieck zwischen Kellys Schenkeln. Dass Kelly unten rum blitzeblank rasiert war, muss ich hier nicht unbedingt erwähnen.

Klaus ließ es bei Kelly richtig krachen! Er drückte ihr so fest einen Kuss auf ihre Möse, dass es richtig schmatzte, als sich sein Mund von ihrem Fleisch wieder löste.

Kelly juchzte vor Vergnügen! »Tom, ich habe dich erkannt, du Schwein!«

Aber da wir alle nichts sagten, setzte Bernd auch seinen Fickpart schweigend fort. Kelly war jetzt richtig heiß. Sie kam ihm mit ihrem Becken entgegen und erwiderte jeden seiner Stöße. Ihre Unterleiber krachten richtig gegeneinander, Bernd steckte jetzt bis zum Anschlag in ihr drin.

Und dann passierte es: Bernd konnte seine Geilheit nicht mehr kontrollieren, bäumte sich kurz auf, schrie etwas Unverständliches und schoss seinen ganzen Samen tief in Kellys Möse.

Da war natürlich klar, dass ich der Dritte nicht gewesen sein konnte. Kelly musste jetzt also nur noch zwischen Nummer 1 und Nummer 2 raten.

»Ich glaube, dass du der Zweite in mir warst. Du hast dich zwar unheimlich gut verstellt, aber ich kenne deinen Schwanz inzwischen in- und auswendig«, sagte sie.

Lachend nahm ich ihr den Schal vom Gesicht. Und alle stimmten in das fröhliche Gelächter mit ein. Weil sich auch Kelly richtig ausschüttelte, lief Bernds Ficksaft in Schüben richtig malerisch aus ihrer Möse.

»So, jetzt seid ihr dran«, sagte ich dann. »Kelly gehört jetzt euch, fickt sie schön durch!«

Das ließen die beiden sich nicht zweimal sagen. Sie legten sich links und rechts von ihr lang aufs Bett und fingen an, sie zu befummeln. Weil sie dabei jedoch mehr ihre eigenen Hände zu fassen bekamen, gab ich den Tipp weiter, dass vielleicht einer sich zuerst umdrehen und mit ihrem Unterkörper befassen sollte.

Bernd kroch also nach unten, und bald darauf hatten sie eine dreifache 69-er Position eingenommen. Bernd leckte die Reste seines eigenen Spermas, das sich mit Kellys Geilsäften gemischt hatte, aus ihrer Möse. Er leckte auch über ihren Damm bis hin zu ihrem Arschloch, wo er sich mit einem Finger Eintritt verschaffte und ihren Ringmuskel dabei ordentlich malträtierte.

Klaus küsste Kelly am Hals und auch auf den Mund, wobei er ein Zungenspielchen wagte. Dabei spielte er mit ihren Titten, streichelte sie und kniff herzhaft hinein; insbesondere auf ihre großen Vorhöfe und ihre dicken Brustwarzen hatte er es abgesehen.

Urplötzlich war ihm dabei Bernds Pimmel im Weg, der wieder knallhart war und direkt neben seinem Gesicht aufgeploppt war. Klaus schob ihn einfach etwas zur Seite, wo sich Kelly gleich den Prachtschwanz schnappte und lang an dem Schaft hoch und runter leckte, bevor sie ihn in den Mund nahm. Mit ihren wulstigen Lippen und ihrer Zunge verwöhnte sie das Teil und biss spielerisch ein paar Mal in seine Eichel.

»Schluss mit der Leckerei!«, befahl ich. »Jetzt wird richtig gefickt. Kelly braucht's jetzt in alle drei Löcher.«

Bernd legte sich zuerst auf den Rücken, sodass Kelly sich ebenso auf ihm platzierte, damit er ihr seinen Schwanz in den Arsch schieben konnte. Klaus kniete sich davor und schraubte seinen Pimmel in Kellys Fotze. Ich hielt meiner Süßen das Objekt ihrer Begierde einfach vor die Nase – schwupps, da hatte sie schon ihren Mund übergestülpt.

Bernd und Klaus fanden schnell einen gemeinsamen Rhythmus, der Kellys ganzen Körper erbeben ließ. So bekam auch ich einen Eindruck von ihren Gefühlen. Etwas sagen oder auch nur stöhnen, konnte sie ja schlecht – zu fest saß mein Schwanz als Pfropfen in ihrem Mund. Sie gab nur einige kehlige Laute von sich. Gleichzeitig lief ihr der Speichel aus den Mundwinkeln. Das sollte gleich noch deutlich mehr werden, wenn ich in ihrer Mundhöhle abspritzen würde. Ich spürte nämlich bereits, wie sich meine Säfte in meiner Körpermitte versammelten.

Und dann war es passiert. Letztendlich ohne weitere Vorwarnung explodierte mein Schwanz und schoss eine Salve nach der anderen ab.

Auch in ihrem Unterleib war jetzt hektische Betriebsamkeit angesagt. Klaus und Bernd kamen fast gleichzeitig und füllten ihre beiden Löcher gut ab. Denn Kelly stand danach auf, stellte sich breitbeinig über Klaus und ließ aus beiden Löchern die Ficksahne auf seinen Bauch klatschen.

Klaus konnte sich an Kellys tropfender Möse gar nicht sattsehen. Er war total fasziniert, wie sein eben noch in ihre Möse abgefeuerter Samen jetzt als weißer Bach aus ihrer schwarzen Fotze lief.

Kurze Zeit später waren wir schon wieder in Ficklaune. Diesmal kam ich unten zum liegen und versenkte meinen Pimmel in Kellys Arschloch. Bernd bekam die Fotze, und Klaus ließ sich einen blasen. Dieser Vierer dauerte deutlich länger. Wir mussten unseren Samen ja erst wieder in die Hoden kriegen. Doch dann schenkten wir Kelly erneut jeder eine volle Ladung.

Ich wusste, dass ich mit Kelly in einer Nacht schon sieben Mal gekommen war. Doch auch meine beiden Kumpels hatten eine prima Kondition. Ich drückte also Kellys Schenkel weit auseinander und hob sie auf meinen wieder prächtig stehenden Lümmel. Tief drang ich in ihren Liebeskanal ein. Klaus kam sofort hinzu und machte sich an ihrem Hinterteil zu schaffen, überwand ihren Ringmuskel und schraubte seinen Schwanz Zentimeter für Zentimeter in Kellys Arsch. Dabei umfasste er sie mit seinen Händen und massierte ihr ordentlich die Titten durch. Dass Bernd sich derweil genüsslich einen blasen ließ, versteht sich wohl von selbst.

Kaum war diese heiße Nummer zu Ende, da robbte Kelly auf mich zu und flüsterte mir etwas ins Ohr.

»Wie sieht es aus, Jungs?«, fragte ich die beiden. »Habt ihr noch Power im Sack, oder war es das für heute?«

»Einmal könnte ich noch«, riefen sie dann fast gleichzeitig.

»Kelly hat mir gerade zugeflüstert, dass sie eure beiden Schwänze als Höhepunkt unserer heutigen Fickorgie noch einmal gleichzeitig in ihrer Fotze spüren möchte. Also gleichzeitig, nebeneinander oder auch parallel – wie ihr es auch immer nennen wollt.«

Darauf folgte zuerst ungläubiges Staunen. Das war wohl ganz neu für Bernd und Klaus. Wohl, um die beiden einmal optisch noch etwas anzufeuern, steckte sich Kelly zwei Finger erst in ihre Fotze und danach gleich in den Mund, um sie genüsslich abzulutschen. Dabei verdrehte sie vor lauter Geilheit derart die Augen, dass man zwischendurch nur das Weiße sehen konnte.

Die Pimmel meiner Kumpels waren auch schon wieder bereit, standen also wie eine Eins. Klaus, der den etwas längeren Schwanz hatte, musste sich auf den Rücken legen, und Kelly setzte sich breitbeinig auf ihn und ließ seinen Prügel tief in ihrer Fotze verschwinden. Sie lehnte sich etwas zurück, wobei ich mit den Händen ihren Rücken etwas abstützte.

Dann kam Bernds Auftritt. Er stellte sich breitbeinig über die beiden und ging dann langsam in die Hocke. Nachdem er Kellys dick angeschwollenen Kitzler etwas mit seiner Eichel verwöhnt hatte, setzte er sein Rohr etwas unterhalb an ihrer Spalte an und schaffte es tatsächlich, noch neben Klaus' Pimmel in Kellys Fotze einzudringen. »Oh! Ah, ihr zerreißt mich«, rief Kelly.

Doch als Bernd schon seinen Schwanz wieder herausziehen wollte, rief sie: »Los, weitermachen, Jungs! Fickt beide kräftig meine Fotze! Fickt mich kaputt! Ich bin so geil!«

Nun gab es kein Halten mehr. Während sich Klaus unten liegend nur sehr wenig bewegen konnte, fickte Bernd umso heftiger. Das war auch für Klaus eine geile Nummer. Bernds harter Riemen schrammte ja bei jedem Stoß an seinem Schwanz entlang und bescherte ihm so ungekannte sexuelle Freuden. Und für Kelly war dieser heiße Doppelfick nach der anfänglich etwas schmerzhaften Fotzendehnung nur noch geil. Sie zappelte zwischen den beiden Männern wie ein Aal hin und her, stöhnte bei jedem Stoß und schrie ihre Geilheit laut heraus.

Ich hatte nur Bedenken, dass Bernd diesen Fick nicht allzu lange aushalten könnte, irgendwann musste er in den Beinen doch einen Krampf kriegen. Doch diese Befürchtung erwies sich als ungerechtfertigt. Mit einem wahren Urschrei schoss er seine heiße Ladung jetzt in Kellys Fotze ab und zog seinen Schwanz danach gleich aus ihr zurück. An Klaus Pimmel vorbei schossen die Geilsäfte dann aus Kellys Fotze heraus.

Kelly wälzte sich von Klaus herunter und hockte sich neben ihn auf ihre Knie. Bernds Ejakulat und ihre Ficksäfte tropften dabei aus ihrer Fotze. Da ergriff Klaus die Gelegenheit, kniete sich schnell hinter sie und fickte ihren Arsch. Recht schnell kam er in ihren Därmen zum Höhepunkt.

Damit hatten wir es meiner kleinen Dreilochstute ordentlich besorgt. Auch hatte jeder von uns im Laufe der vier Nummern eine ihrer Körperöffnungen bespielt. Danach mussten wir alle duschen. Kelly ging vorweg zum Bad. Da sie nach dem Doppelfick etwas breitbeinig lief, tropfte es immer noch aus ihren unteren Körperöffnungen heraus. Wir mussten aufpassen, dass wir nicht auf unserer eigenen Wichse ausrutschten.

In unserer großen, begehbaren Dusche war Platz für uns alle vier. Somit konnten wir uns gegenseitig einseifen und abbrausen. Als wir mit Duschen fast fertig waren, verspürte ich plötzlich einen starken Harndrang. Ich stellte die Brause ab und pisste die Drei von oben bis unten an. Dann öffneten sie auch ihre Schleusen, und es kam zu einer gewaltigen Pissorgie. Schließlich mussten wir alle noch einmal unter die Dusche. Und beim Abtrocknen gab es danach manch helfende Hand.

Ich machte dann im Wohnzimmer für meine beiden Kumpels und mich noch eine Flasche Bier auf, und Kelly stieß wieder mit einem Mixgetränk mit uns an. »Ihr dürft ruhig noch einmal wiederkommen«, sagte sie und betonte dabei das Wort *kommen* ganz besonders, damit auch jeder die Zweideutigkeit verstand.

Als sie gegangen waren, überlegte ich mir, wie glücklich ich doch mit meiner Kelly war. Unser Sex war einfach einmalig – und die ganze Welt beneidete mich um sie.

Heute hatten es meine Kumpels und ich es ihr auf jeden Fall ordentlich besorgt. *Aber was ist morgen? Hat sie dann schon wieder Lust, andere Männer zu ficken? Ich weiß es nicht.*

Ich gehe übrigens davon aus, dass sie während ihrer Studienzeit in der DDR extrem sexualisiert wurde. So eine schwanzgeile Frau hatte ich vorher noch nicht kennengelernt. Ich bin gespannt, was ich mit Kelly noch alles erleben werde.

Wollüstiges Treiben am Baggersee

Es war Sommer. Es war heiß. Und es war Stadtfest. Ich hatte mich, wie jedes Jahr, mit meinen Kumpels verabredet und so gegen neunzehn Uhr mit dem Fahrrad die Feiermeile angesteuert. Nachdem ich meinen Drahtesel an einem bewachten Stand abgegeben hatte, traf ich Bernd und Jürgen auf dem Marktplatz, auch Werner stieß nach einer kurzen Weile dazu. Das harte Quartett war wieder komplett.

Doch irgendwie funktionierte heute Abend alles nur mit gebremstem Schaum. Wir stürzten die Biere nicht in der üblichen Geschwindigkeit hinunter, wir ließen bei Currywurst und Pommes die Hälfte der Pommes stehen, und harte Getränke orderten wir schon gar nicht.

Krankheiten als Ursache für unser Verhalten schieden aus, wir waren ansonsten gut drauf. Aber die Sonne hatte uns wahrscheinlich tagsüber zugesetzt. Jetzt gegen einundzwanzig Uhr waren es immer noch um die dreiundzwanzig Grad.

Da wir als Gruppe den Spaßfaktor einfach nicht auf Touren bekamen, trennten wir uns kurzerhand. Jeder wollte versuchen, andere zu treffen, damit der Abend doch noch zu einem schönen Erlebnis wurde. Wetter und Musik waren ja okay.

Ich bin die Fußgängerzone ganz allein hoch- und runtergegangen und musste mir durch knutschende Pärchen und johlende Gruppen meinen Weg bahnen. Ein paar Mal hielt ich an, konnte dabei aber keinen Bekannten entdecken, bei dem es sich gelohnt hätte, stehen zu bleiben. Und bei einigen anderen Typen, die ich aus den Augenwinkeln entdeckte, machte ich mich ganz klein und ging schnell weiter. *Hoffentlich hatten sie mich nicht gesehen!* Bernd entdeckte ich, wie er an einem Cocktailstand mit einem blonden Gift heftig turtelte.

Schließlich landete ich in einer Seitenstraße, in der die Wirte eine eigene Bühne aufgebaut hatten. In dem ruhigeren Bereich wurde spanische Musik gespielt, Tango zum Beispiel. Ein Künstler spielte sogar spanische Gitarre solo.

Ich schlenderte langsam zur Theke, wollte mir etwas zum Durstlöschen holen, da entdeckte ich am Tresen Sabine, mit der ich vor Jahren ein kurzes, aber intensives Techtelmechtel hatte. Sie hatte jedoch noch ein zweites Eisen im Feuer und sich für den anderen Typen entschieden, was damals aber auch nicht lange hielt. Ich hatte sie komplett aus den Augen verloren und freute mich umso mehr, sie heute Abend wieder zu sehen.

»Hey, Sabine!«, kam ich fröhlich auf sie zu, um mir erst gar keinen Groll für die damalige Abfuhr anmerken zu lassen.

»Mensch, Christian«, sagte sie. »Wie lange haben wir uns nicht gesehen?«

»Wofür so ein Stadtfest doch alles gut ist«, platzte mir da raus, statt auf ihre Frage näher einzugehen.

»Weißt du, dass ich eigentlich gerade nach Hause wollte?«, sagte sie dann. »Und jetzt treffe ich dich hier wieder!«

»Ich bin heute auch nicht wirklich in Stadtfest-Stimmung gekommen«, sagte ich. »Die Musik ist zwar ganz gut, aber irgendwie ist mir alles zu warm. Am liebsten würde ich einfach meine Klamotten abwerfen.«

»Gute Idee«, sagte Sabine. »Was hältst du davon, wenn wir uns eine Flasche Wein mitnehmen und zum Baggersee fahren? Ich habe mein Fahrrad an dem bewachten Stand abgegeben.«

Gesagt, getan! Ich holte uns eine Flasche spanischen Rotwein, den ich gleich am Tresen entkorken ließ und zwei Pappbecher als Zugabe. Dann gingen wir zu unseren Rädern am Fahrradstand und machten uns auf in Richtung Baggersee.

Vielleicht sollte ich Sabine jetzt einmal etwas beschreiben: Ende zwanzig, kesse Kurzhaarfrisur, gut in Form, wie ich beim

Radfahren feststellte, und auch sonst alles da, wo man(n) es gern hatte. Das bedeutet: stramme Titten, nicht aus der Form geraten und mit einem knackigen Arsch gesegnet, den ich beim Fahrradfahren vor mir ausgiebig studieren konnte.

Am Baggersee parkten wie unsere Räder gleich am Eingang und liefen mit unserer Flasche munter auf das Ufer zu. Hier war ein schöner Strand entstanden, an dem einzelne mittelgroße Büsche sogar etwas Wind- und Sichtschutz boten.

Kaum hatten wir uns für ein Plätzchen entschieden, pellte sich Sabine aus ihren Klamotten und war als Erste im Wasser, das angesichts des Sommerwetters auch nicht besonders kalt war.

Wir schwammen ein Stückchen hinaus, ließen uns etwas treiben und näherten uns wieder dem Ufer. Als uns das Wasser nur noch etwa bis zur Hüfte ging, nahmen wir uns wie selbstverständlich in die Arme und küssten uns an diesem Abend das erste Mal. Auch unsere Hände gingen auf Wanderschaft.

»Das hätten wir eigentlich auch schon an der spanischen Bar tun können«, sagte Sabine, dem ich nur beipflichten konnte.

»Aber was jetzt noch kommt, dafür brauchen wir besser keine Zuschauer«, sagte ich in Erwartung einer heißen Nummer am Strand.

»Hey, müsst ihr so viel Krach machen? Wir wollen hier in Ruhe ficken«, hallte plötzlich eine sonore Stimme vom Ufer zu uns herüber. Die Stimme kam mir irgendwie bekannt vor.

Wir gingen also in Richtung Strand zurück und hielten uns jeweils eine Hand vors Geschlecht, was aber angesichts der an Deutlichkeit nicht zu übertreffenden Aussage des unbekannten Rufers wohl nicht erforderlich gewesen wäre.

Und da sah ich auch schon Bernd mit dem bei der Cocktailbar abgeschleppten blonden Gift, die uns genau von der anderen Seite des Busches, an dem wir uns ausgezogen hatten, fröhlich zuwinkten. Die beiden hatten sich sogar die Zeit genommen, unterwegs eine Decke und Handtücher einzupacken.

Es stellte sich heraus, dass es sich bei der Blonden um Katrin, eine frühere Schulkameradin von Sabine, handelte, und so fiel die allgemeine Begrüßung gleich viel herzlicher aus. Außerdem reichten sie uns Handtücher zum Abtrocknen.

Dann hockten wir uns neben die beiden auf die Decke und schenkten einen Pappbecher von dem mitgebrachten Wein ein, sodass wir anstoßen konnten. Wir alle waren dabei natürlich vollkommen nackt.

Als Bernd und Katrin dann einfach da weitermachten, wo sie offensichtlich vor unserer Störung abgebrochen hatten, wurde es auf der Decke richtig hitzig: Katrin kniete sich zwischen Bernds Beine und fing an, ihm nach Herzenslust einen zu blasen.

Sabine hatte sich neben die beiden gelegt, und so kniete ich mich jetzt hin, schickte meine Zunge zwischen Sabines Beinen auf Erkundungstour und erfreute mich an ihrer herrlich glatt rasierten Möse.

Als ich bei einem Blick nach oben bemerkte, dass Bernd mit einer Hand zusätzlich Sabines Busen bearbeitete und dass sich beide heftig küssten, wurde auch ich verwegener, langte mit meinem Arm unter der knienden Katrin durch und steckte einen Finger in ihre feuchte Möse.

Dass ihr das gut gefiel, konnte ich daran ablesen, dass sich ihr linker Arm umgehend in Bewegung setzte, und sie mit ihrer Hand meinen Steifen umfasste. Sie hatte also das Zepter in die Hand genommen. Sie hörte sogar auf, an Bernds Schwanz zu lutschen, und schubste mich zärtlich an, sodass ich umkippte und neben Sabine auf dem Rücken zu liegen kam. Augenblicklich krabbelte Katrin zu mir herüber und setzte sich auf meine Prachtlatte.

Jetzt war es an Bernd und Sabine, ihre Position zu überdenken, was ihnen aber auch nicht sonderlich schwerfiel - unter uns herrschte in der Nacht am Baggersee eine große Vertrautheit. Bernd kniete sich zwischen Sabines Beine und brachte seinen vom Blasen schön feucht glänzenden Schwanz vor Sabines Möse in Stellung.

Flutsch, da war der geile Vierer schon in voller Aktion. Während Katrin auf meinem Pimmel geschmeidig hoch und runter glitt, rammelte sich Bernd wie wild in Sabine hinein.

Eigentlich wollte ich in dieser Stadtfest-Nacht ja meine Beziehung zu Sabine mit einem Bad im Mondschein und einem zärtlichen Tête-à-tête am Strand neu beleben, aber über die jetzt eingetretene Entwicklung war ich nicht unglücklich. Sexuell war ich in letzter Zeit nämlich etwas kurz gekommen und holte in einer Nacht praktisch alles nach.

Mein offensichtlicher Nachholbedarf ließ mich dann auch selbst aktiv werden. Ich hob Katrin von meinem Schwanz herunter und positionierte sie vor mir auf ihre Knie. In der Hündchen-Position fand ich so eine höchst glitschige Aufnahme in der von ihr selbst gut angefickten Möse.

Sabine und ich tauschten dabei immer mal wieder einen schnellen Blick aus, der wohl bedeutete, dass wir den Höhepunkt gleich gemeinsam erleben wollten. Vor dem sich ankündigenden Finale ließ ich also von Katrin ab und gab ihr mit einem zärtlichen Klaps auf den Hintern zu verstehen, dass Bernd ab jetzt wieder ihr Sexpartner war. Und auch Sabine machte sich unter Bernd frei und robbte zu mir herüber.

Zärtlich nahmen wir uns in die Arme, und - wie von selbst - glitten unsere Geschlechtsteile ineinander und fielen in einen Rhythmus, der sich aus schnellen, kurzen Stößen und einem lang anhaltenden tiefen Eindringen zusammensetzte. Dazu hatten wir uns eng umschlungen, und unsere Zungen spielten jeweils im Mund des anderen.

So trieben wir uns gemeinsam zum Höhepunkt, der uns gleichzeitig weit wegtrug, in ganz andere Sphären. Ich entlud mich mit einem heftigen Erguss in ihrer Möse, die ihrerseits nicht zu zucken aufhören wollte. Ständig kontrahierten Sabines Scheidenmuskeln und massierten meinen langsam abschwellenden Schwanz, bis er ganz von allein aus ihr heraus flutschte.

Katrin und Bernd waren vor uns fertig geworden und hatten unsere finale Ekstase beobachtet.

»Das muss wahre Liebe sein«, kommentierte Bernd deshalb unser Liebesspiel, als wir uns etwas erholt hatten und wieder normal atmen und etwas trinken konnten.

»Wie lange haben wir beiden uns auch nicht gesehen?«, sagte Sabine nur und ließ Bernds Satz damit weitgehend im Raum stehen.

Edyta Zaborowska **Ich werde dich dominieren, Sklave!**

Vera hat ihr gesittetes, monotones Eheleben satt. Als sie einen Zeitschriftenartikel über Baronesse Hanna liest, nimmt ihr Leben eine verruchte und aufregende Wendung.
In Hanna findet Vera nicht nur eine Freundin, sondern eine Mentorin, die sie Stück für Stück immer tiefer in die lüsterne Welt von Dominanz und Unterwerfung einführt. In dem als Dominastudio eingerichteten Keller des exklusiven Herrenhauses der Baronesse lernt Vera ihre dominanten Fantasien an männlichen Sklaven auszuleben.
Doch wie kann sie diese neuen Erlebnisse in ihre Ehe integrieren, damit ihr Sexleben einen geilen Auftrieb bekommt?

Alex Lain **Der devote SexDiener 2**

Teil 2: Sein größter Wunsch:
beherrscht zu werden ...
In der Benutzung findet er
seine Erfüllung und doch
begeht er immer wieder Fehltritte,
die schwer bestraft werden.
Eines Tages sieht er sich allerdings mit einer
Erpressung konfrontiert,
die er nur mit einer List beenden kann.
Unterwerfung ist sein Leben.
Er ist nicht glücklich,
wenn er nicht dienen kann.

Johanna Söllner **Geile Weiber schamlos und verdorben**

Neun erotische Geschichten erzählen von Frauen, die ihre Tabus überwinden und zu grenzenloser Geilheit finden.
Eine Treuetesterin erlebt bei einem Auftrag ein lesbisches Abenteuer.
Die heißblütige Marcella stellt sich als Hausdame vor und bemerkt schnell, dass von ihr weit mehr erwartet wird, als der Herrschaft Tee zu servieren.
Susanne muss entsetzt feststellen, dass nach einem Nacktbad im See ihre Klamotten verschwunden sind.
Oma Kathi schließt eine frivole Wette ab und sucht nach einem heißen Stecher, der es ihr besorgen soll.
Sie alle gehen über ihre Grenzen hinaus und werden mit Lust und ungezählten Höhepunkten belohnt.

Miu Degen **Deine Ehefrau, ist meine devote Sklavin!**

Die verheiratete Jana verfällt Paul, dem Dozenten ihres Volkshochschulkurses. Er weckt die devote Seite in ihr und lässt sie in ein lüsternes Spiel taumeln. Die Sucht und Gier nach sexueller Befriedigung beschert beiden ungeahnte Freuden.
Nach vielen geheimen Treffen nimmt Jana Paul mit nach Hause und beichtet ihrem Mann Maximilian die ganze Geschichte.
Gefangen zwischen Unglauben und Erregung, verfolgt Maximilian in allen Details live mit, wie hörig Jana Paul mittlerweile ist, wie lüstern sie sich ihm hingibt. Ihre Begierde und Lust sind grenzenlos.
Wie weit wird Jana gehen?
Und wie wird der Abend weiter verlaufen?

Roxana Mayor **Die Zähmung der Wildkatze - zur Sklavin unterworfen**

Die attraktive Dana hat die Nase voll: Ihr Mann betrügt sie! Doch sie dreht den Spieß um und lässt ihrer Lust fortan freien Lauf. Ob mit mehreren Männern im Sexkino oder auf dem Straßenstrich - sie nimmt sich einfach, was sie will. Dann lernt sie Mark kennen und fährt voll auf seine dominante Seite ab.
Schon bald findet sie sich in einem Wechselbad der Lustgefühle wieder, hin und her gerissen zwischen Schmerz und Lust, Freiheit und Unterwerfung.
Wird Dana ihrer devoten Seite nachgeben?
Und wie weit ist sie bereit, für ihr Glück zu gehen?

Svenja Mund **Die geile Lust der verdorbenen Professorin**

Die attraktive Mathematik-Professorin Adriane ist überzeugt, dass sie nur mit einem ihr körperlich und geistig ebenbürtigen Liebhaber befriedigenden Sex erleben kann. Hierzu hat sie viele praktische Versuche hinter sich. Doch dann wird sie von zwei dunklen Typen überfallen, die sie erniedrigen und für die sie normalerweise nur Spott und Verachtung übrig hätte. Und trotzdem machen diese Männer sie richtig heiß.
Wie kann das sein? Wie kann ihr Körper unsägliche Lust empfinden, während er von Männern benutzt wird, die ihr geistig unterlegen sind?
Und wieso hofft sie insgeheim, dass sich dieser Überfall wiederholen möge?